PFLANZEN DER BIBEL

Klaus Dobat

Pflanzen der Bibel

Die Deutsche Nationalbibliothek verzeichnet diese Publikation in der Deutschen Nationalbibliographie; detaillierte bibliographische Daten sind im Internet über http://dnb.dnb.de abrufbar.

Das Werk ist in allen seinen Teilen urheberrechtlich geschützt. Jede Verwertung ist ohne Zustimmung des Verlags unzulässig. Das gilt insbesondere für Vervielfältigungen, Übersetzungen, Mikroverfilmungen und die Einspeicherung in und Verarbeitung durch elektronische Systeme.

© 2012 by Primus Verlag, Darmstadt
Die Herausgabe des Werkes wurde durch die Vereinsmitglieder der WBG ermöglicht.
Gedruckt auf säurefreiem und alterungsbeständigem Papier
Der Text dieses Buches basiert auf dem Begleitband zur gleichnamigen Ausstellung im Botanischen Garten der Eberhard Karls Universität Tübingen 2003
Einbandgestaltung: Christian Hahn, Frankfurt a. M.
Einbandmotiv: „Roßpappel" (Wilde Malve) aus dem *New Kreüterbuch* von Leonhart Fuchs, 1543
Layout & Satz: Mario Moths, Marl
Printed in Germany
www.primusverlag.de
ISBN 978-3-86312-015-3

Lizenzausgabe für die WBG (Wissenschaftliche Buchgesellschaft), Darmstadt
Einbandgestaltung der WBG-Lizenzausgabe: Peter Lohse, Heppenheim
Einbandabbildung der WBG-Lizenzausgabe: „Roßpappel" (Wilde Malve) aus dem *New Kreüterbuch* von Leonhart Fuchs, 1543
www.wbg-wissenverbindet.de
ISBN 978-3-534-24463-8

INHALT

6	Vorwort
8	BÄUME UND STRÄUCHER
32	NUTZPFLANZEN
100	ARZNEIPFLANZEN
130	DUFTPFLANZEN
144	UFERPFLANZEN
155	DISTELN UND DORNEN
168	Anhang Literatur in Auswahl
172	Pflanzenregister

VORWORT

Pflanzen der Bibel sind eine Welt für sich! Sie führen uns weit in die Vergangenheit zurück: buchstäblich zu Adam und Eva, in die Steinzeit, zu den Hochkulturen Vorderasiens, zu den Pharaonen Ägyptens, zum Volk der Juden und zu den Ursprüngen des Christentums.

Etwa 110 verschiedene Pflanzen werden im Alten und im Neuen Testament genannt, rund 65 Pflanzen finden sich in diesem Buch beschrieben – jede einzelne ist schnell aufzufinden über das ausführliche Pflanzenregister am Ende des Buches.

Obwohl das Studium biblischer Pflanzen durch Botaniker und Sprachwissenschaftler schon vor Jahrhunderten begann, sind noch längst nicht alle eindeutig identifiziert, und bei vielen wird dies wohl auch nie gelingen. In der botanischen Literatur wie bei den verschiedenen Bibelübersetzungen ergeben sich daher oft voneinander abweichende Meinungen und Pflanzenbezeichnungen.

Die Pflanzen der Bibel sind im Folgenden mit ihren botanischen Besonderheiten, ihrer Geschichte, ihrer einstigen wie heutigen wirtschaftlichen, kulturellen und kultischen Bedeutung vorgestellt. Wo und in welchem Kontext sie in der Bibel angesprochen werden, verdeutlichen je pflanzenbezogene Bibelzitate. Die Bibelzitate (im Satz jeweils rot hervorgehoben) sind von mir ausgewählt, darunter bekannte und vielgenannte, aber auch unbekanntere und gelegentlich solche, die – aus welchen Gründen auch immer – eher übergangen werden. Alle Bibelzitate stammen aus der *Einheitsübersetzung der Heiligen Schrift* in der 1. Auflage von 1980 (Paul Pattloch Verlag).

Last but not least ein Wort zu den Abbildungen in diesem Buch. Da sind zum einen die kleinen erläuternden Zeichnungen. Die Vorlagen dazu hat Siegfried Lelke, der ehemalige Leiter der Versuchsgewächshäuser des Botanischen Instituts in Tübingen, beigesteuert, dem an dieser Stelle dafür herzlich gedankt sei. Die großartigen farbigen Pflanzenzeichnungen bzw. Holzschnitte sind dem 1543 in Tübingen fertiggestellten *New Kreüterbuch* des Arztes und Botanikers Leonhart Fuchs (1501–1566) entnommen, der deutschsprachigen Ausgabe seiner im Jahr zuvor erschienenen *De historia stirpium*. Beide Werke begündeten seinen weltweiten

Ruhm – zu Recht gilt er als einer der „Väter der Pflanzenkunde". Auch als großer Reformator der Tübinger Universität und als „Stammvater" der Tübinger Botanik ging der Gelehrte in die Geschichte ein: Im Zentrum der Stadt legte er spätestens ab 1542 den ersten universitätseigenen Arzneipflanzengarten an, der damit zu den ältesten Universitätsgärten der Welt zählt. Leonhart Fuchs zu Ehren wurde 1703 die Zierpflanzengattung *Fuchsia* benannt.

Danken möchte ich abschließend zum einen Herrn Obergartenmeister Andreas Binder, der 2003 im Rahmen der Ausstellung im Botanischen Garten Tübingen sämtliche umfangreichen PC-Arbeiten durchführte, zum anderen ganz besonders Frau Regine Gamm vom Primus Verlag. Sie hat in den vergangenen Monaten mit großem Sachverstand, Engagement und vielen guten Anregungen den Text bereichert.

Tübingen, im November 2011   Klaus Dobat

BÄUME UND STRÄUCHER

APFELBAUM *(Malus domestica)*
Familie: Rosengewächse *(Rosaceae)*

„Dann legte Gott, der Herr, in Eden, im Osten, einen Garten an und setzte dorthin den Menschen, den er geformt hatte. Gott, der Herr, ließ aus dem Ackerboden allerlei Bäume wachsen, verlockend anzusehen und mit köstlichen Früchten, in der Mitte des Gartens aber den Baum des Lebens und den Baum der Erkenntnis von Gut und Böse. ... Dann gebot Gott, der Herr, dem Menschen: Von allen Bäumen des Gartens darfst du essen, doch vom Baum der Erkenntnis von Gut und Böse darfst du nicht essen; denn sobald du davon ißt, wirst du sterben." (Genesis 2,8–9; 2,16–17)

„Die Schlange war schlauer als alle Tiere des Feldes, die Gott, der Herr, gemacht hatte. Sie sagte zu der Frau: Hat Gott wirklich gesagt: Ihr dürft von keinem Baum des Gartens essen? Die Frau entgegnete der Schlange: Von den Früchten der Bäume im Garten dürfen wir essen; nur von den Früchten des Baumes, der in der Mitte des Gartens steht, hat Gott gesagt: Davon dürft ihr nicht essen, und daran dürft ihr nicht rühren, sonst werdet ihr sterben. Darauf sagte die Schlange zur Frau: Nein, ihr werdet nicht sterben. Gott weiß vielmehr: Sobald ihr davon eßt, gehen euch die Augen auf; ihr werdet wie Gott und erkennt Gut und Böse. Da sah die Frau, daß es köstlich wäre, von dem Baum zu essen, daß der Baum eine Augenweide war und dazu verlockte, klug zu werden. Sie nahm von seinen Früchten und aß; sie gab auch ihrem Mann, der bei ihr war, und auch er aß." (Genesis 3,1–6)

Wie es weiterging, ist allgemein bekannt. Doch war es wirklich die Frucht eines Apfelbaums, mit der Eva ihren Adam verführte? Wie selbstverständlich wurde dies in unserem Kulturkreis vorausgesetzt und wie oft stehen beide Menschen auf Darstellungen des Sündenfalls unter dem beliebten Obstgehölz! So beeindruckend dieses „Bild" auch sein mag – aus der Bibel jedenfalls lässt sich ein solcher Bezug nicht ableiten. Sie unterscheidet klar zwischen dem „Baum der Erkenntnis" und einem hebräisch als *tappuah* bezeichneten Baum, der verschiedentlich genannt wird (zum Beispiel Hohelied 2,5; Joël 1,12; 1. Chronik 2,43: als Personenname *Tappuach*, Josua 15,33: desgl. als Stadtname). Zohary (1983) weist auf die Wortverwandtschaft mit dem arabischen *tuffah* hin,

Hugo van der Goes' Gemälde *Der Sündenfall* (um 1470/75; Öl auf Holz, Wien, Kunsthistorisches Museum) illustriert Genesis 3,6: „Sie gab [eine Frucht] auch ihrem Mann, der bei ihr war, und auch er aß." Die Frucht ist – wie auf vielen Gemälden – ein Apfel.

einem ausschließlich für den Apfelbaum geltenden Begriff. Eine Pflanze namens *taph* wurde schon unter Ramses II. (1290–1224 v. Chr.) in Ägypten neben Oliven, Feigen und Granatäpfeln angebaut, wie aus zeitgenössischen Papyrusschriften hervorgeht. Wenn auch die Gleichsetzung von *tappuah* mit dem Apfelbaum oder seiner Frucht nicht völlig zweifelsfrei ist (manche Autoren vermuten darunter eher die Zitronat-Zitrone [*Citrus medica* L.] oder die Aprikose [*Prunus armeniaca* L.]), so wird doch deutlich, dass er nicht der „Baum der Erkenntnis" ist. Dieser wird sich wohl nie, ebenso wie der „Baum des Lebens", einer bestimmten Pflanzenart zuordnen lassen – und das ist vielleicht auch gut so.

Nach diesen Ausführungen kann man/Mann also getrost der Ermunterung von Goethe in *Faust II* nachkommen, selbst wenn er von einer „modernen" Eva angeboten wird: „Kommt, von allerreifsten Früchten mit Geschmack und Lust zu speisen! Über Rosen lässt sich dichten, in die Äpfel muß man beißen." Sie sind gesund und nach einem alten Hausmittel soll ein abends gegessener Apfel für einen geruhsamen Schlaf sorgen und vor Gicht bewahren. Ob unsere Vorfahren das auch wussten und ihn deshalb schon in vorgeschichtlicher Zeit sammelten und in Kultur nahmen? Aus Mitteleuropa sind jedenfalls bereits aus der Jüngeren Steinzeit Funde von Wild- und Holzäpfeln bekannt. Sie besaßen allerdings, wie beispielhaft ein frühes Äpfelchen aus einer Hütte der Bandkeramik-Periode bei Heilbronn zeigt, nicht selten nur die Größe eines Daumennagels.

Durch Auslese und Einkreuzung anderer Arten und Formen entstanden allmählich die zahllosen Kultursorten, die nach Reifezeit, Größe, Form, Farbe, Geruch, Geschmack und Beschaffenheit von Schale und Fleisch unterschieden werden. Heute wird der Apfelbaum in allen Erdteilen kultiviert. Vor allem in den gemäßigten Klimazonen stellt er das wichtigste Fruchtobst dar, das durch seine gute Lagerfähigkeit den meisten anderen Obstsorten überlegen ist.

Zur Blütezeit im April/Mai ist der Apfelbaum mit seinen Blütenbüscheln (a) ohne Zweifel eines unserer schönsten Obstgehölze. Die fünf weißen, unterseits meist rosa angehauchten Kronblätter sowie die zahlreichen Staubblätter mit gelben Staubbeuteln (beim Birnbaum sind sie rot gefärbt!) sitzen über dem aufgewölbten Blütenboden (b). Er umschließt die fünf Fruchtblätter, die nach der Bestäubung durch Bienen und

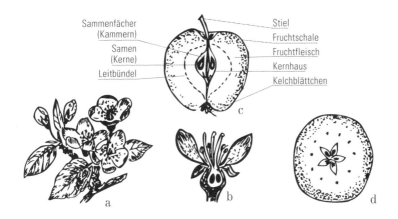

Apfelbaum: Blütenbüschel (a) und Blütenboden (b), aus dem sich das Fruchtfleisch entwickelt (c–d).

Hummeln zum pergamentartigen Kerngehäuse mit den Samen heranwachsen, während sich aus dem Blütenboden selbst unter starker Verdickung das saftige, zucker- und vitaminreiche Fruchtfleisch entwickelt (c–d). Wegen dieser Beteiligung des Blütenbodens bezeichnet der Botaniker den Apfel als eine Scheinfrucht.

Erfreulich ist die heutige Rückbesinnung auf wohlschmeckende Sorten, die in den vergangenen Jahrzehnten durch die Monokultur von „Massenware mit Einheitsgeschmack" verdrängt wurden. Vielerorts werden wieder alte Sorten und Lokalrassen kultiviert. Denn in ihren Verwendungsmöglichkeiten als Tafel-, Speise-, Most- und Backobst, zur Bereitung von Kompott, Mus, Marmelade, Gelee, Sirup, Saft, Apfelkraut, Apfelwein (Cidre), Most, Branntwein (Calvados) und nicht zuletzt als Bratapfel übertreffen sie jedes andere Obst.

Noch eine wichtige Kleinigkeit fehlt: der „Adamsapfel" – jener bei den Männern stärker als bei den Evastöchtern in der Mitte des Halses hervorspringende Teil des Kehlkopfes. Hier blieb dem Adam der Überlieferung nach der Bissen des bewussten Apfels stecken, und zur ewigen Erinnerung an den schicksalsträchtigen Obstgenuss wurde dieses „Merkmal" an seine männlichen Nachkommen weitervererbt. Dass der Halsschildknorpel in alten arabischen Anatomielehrbüchern als *Pomum granatum* – also als Granatapfel – bezeichnet wird, ist eine nicht uninteressante Variante.

GRANATAPFELBAUM *(Punica granatum)*
Familie: Granatapfelgewächse *(Punicaceae)*

Manches deutet darauf hin, dass das Heimatgebiet dieser uralten Kulturpflanze in den Regionen um das Kaspische Meer, im Iran, in Afghanistan und Belutschistan liegt. Von dort gelangte der Granatapfelbaum über das Zweistromland mit Euphrat und Tigris in den gesamten Mittelmeerraum. Bereits ab dem 3. Jahrtausend v. Chr. sind auf Kunstdenkmälern Mesopotamiens Darstellungen von ihm zu finden. In Ägypten stammen die ältesten Reliefs des Granatapfels aus der Zeit von Thutmosis III. (1490–1436 v. Chr.). Sie sind im „Botanischen Garten" zu bewundern, einer kleinen Kammer im Tempelbezirk von Karnak, an deren Wänden viele Pflanzen wiedergegeben sind, die aus den eroberten Landstrichen Syriens mitgebracht wurden. Schon kurz darauf erscheint er als häufiges Motiv im ägyptischen Kunstgewerbe und auf Wandmalereien vieler Gräber. Daneben belegen Grabbeigaben von Früchten seine kultische Bedeutung. Über Samarkand erreichte die Art um 150 v. Chr. sogar China. Bei den Griechen galten die Granatäpfel wegen ihres Kernreichtums als Symbol der Fruchtbarkeit und waren der Demeter, der Hera und dem Adonis geweiht, und vielleicht war der berühmte „Apfel" des Paris ebenfalls ein Granatapfel.

Um 400 v. Chr. empfiehlt Hippokrates Extrakte der Pflanze gegen Augenleiden, den Fruchtsaft als Labetrunk für Fiebernde. Blüten, Fruchtschalen und Wurzel dienten schon in frühen Zeiten als Mittel gegen Bandwürmer; Cato (vielen noch aus dem Lateinunterricht bekannt) bevorzugte zum gleichen Zweck Granatapfelsaft mit Wein vermischt. Die Römer importierten die Frucht bevorzugt aus der Gegend von Karthago – man erinnert sich an die berüchtigten „Punischen Kriege" – und nannten die Frucht *Malum punicum* („Punischer Apfel"). Darauf bezieht sich auch die lateinische Gattungs- und Familienbezeichnung. Seine zahlreichen, von einer roten Samenschale umhüllten Samen (lat. *granatus* = mit Körnern versehen) lieferten dem Halbedelstein Granat, dem Kriegsgeschoss Granate und der spanischen Stadt Granada (die umliegende Provinz ist noch heute ein wichtiges Anbaugebiet) den Namen. Schließlich soll die Frucht um 1728 Vorbild für das berühmte „Zwiebelmuster" der Meißner Porzellanmanufaktur gewesen sein, allerdings auf dem Umweg über chinesische und orientalische Ornamente.

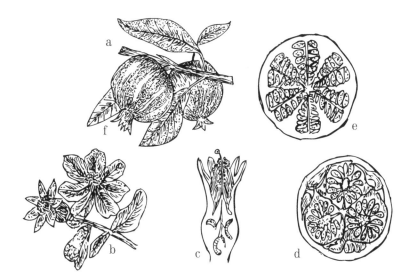

Granatapfelbaum: Blätter (a), Blüten (b), Fruchtblätter (c): im unteren Teil dreifächerig (d), im oberen sechs- bis neunfächerig (e). Den Granatapfel krönt ein Kelch (f).

Der Strauch oder bis etwa 5 m hohe Baum trägt ovallanzettliche, leicht ledrige Blätter (a). Sowohl in ihren Achseln als auch an den Zweigenden entfalten sich die weithin leuchtenden Blüten (b). Sie zeichnen sich durch eine krugförmig erweiterte Blütenachse aus, die ebenso wie die aufsitzenden fünf bis acht derben Kelchblätter korallenrot gefärbt ist. Auf Lücke dazu stehen in gleicher Anzahl die hochroten, zarten und etwas zusammengeknitterten Kronblätter. Sie werden bis 30 mm lang, fallen aber oft bald ab, sodass der Kelch gemeinsam mit den goldgelben Staubbeuteln und den orangeroten Staubfäden die Anlockung der bestäubenden Insekten übernimmt. Daneben gibt es verschiedene Sorten mit ungefüllten oder gefüllten Blüten und abweichender Färbung.

Als botanische Besonderheit – und schon am Längsschnitt einer Blüte erkennbar – sind die Fruchtblätter meist in zwei Etagen übereinander angeordnet (c). An Querschnitten durch die reife Frucht wird dies deutlich: Sie ist im unteren Teil dreifächerig (d), während das obere Stockwerk von sechs bis neun Fruchtblättern eingenommen wird (e). Der vom Kelch gekrönte Granatapfel (f) kann einen Durchmesser von 12 cm erreichen. Als „Trockenbeere" ist er von einer anfangs fleischigen, später lederartig

Granatapfelbaum / 15

eintrocknenden und rotgelb gefärbten Schale umgeben. In der geöffneten Frucht sieht man neben den gelblichen Häuten, welche die einzelnen Fächer begrenzen, die unzähligen Samen. 613 sollen es einer Legende nach sein, entsprechend der Anzahl der Gesetze im Alten Testament. Sie sind von einer purpurroten, sehr dicken und fleischig-saftigen Schicht bedeckt, die aus der äußeren Samenhülle hervorgeht und den genießbaren Teil darstellt. Am einfachsten schneidet man die Frucht auf, entnimmt mit einem Löffel den Inhalt und saugt das säuerlich-erfrischende „Gelee" aus, wobei die Samen mitgegessen oder ausgespuckt werden. Um dies zu vermeiden, ist ein Auspressen empfehlenswerter – doch Vorsicht: Spritzer hinterlassen auf der Kleidung braune, nicht mehr entfernbare Flecken, eine Folge des hohen Gehalts an Gerbsäure, die dem Getränk einen adstringierenden (zusammenziehenden) Geschmack verleiht. Industriell hergestellter Saft ist heute unter der Bezeichnung „Grenadine" im Handel und wird eisgekühlt als „Sorbet" oder „Sherbet" getrunken. Nicht zuletzt lieben die Franzosen Vanilleeis mit Grenadinesirup.

In der Bibel wird der Granatapfelbaum recht häufig genannt. Er gehörte zu den Früchten des Landes Kanaan „mit Weizen und Gerste, mit Weinstock, Feigenbaum und Granatbaum, ein Land mit Ölbaum und Honig ..." (Deuteronomium 8,8). Zweihundert Granatäpfel aus Kupfer schmückten im Tempel von Jerusalem die Säulen des Eingangs (1. Könige 7,18), in stilisierter Form findet man sie noch heute auf den Thora-Rollen in den Synagogen. Auch das Kleid des Hohepriesters war mit ihnen verziert (Exodus 28,33–34): „An seinem unteren Saum mach Granatäpfel aus violettem und rotem Purpur und aus Karmesin, an seinem Saum ringsum und dazwischen goldene Glöckchen ringsum: ein Goldglöckchen und ein Granatapfel abwechselnd ringsum am Saum des Mantels." Gleich mehrfach wird die Frucht im Hohelied Salomos mit der Schönheit der Geliebten verglichen (4,3): „Dem Riß eines Granatapfels gleicht deine Schläfe hinter dem Schleier", und wenig später (4,13–14) ist zu lesen: „Ein Lustgarten sproßt aus dir, Granatbäume mit köstlichen Früchten, Hennadolden, Nardenblüten, Narde, Krokus, Gewürzrohr und Zimt, alle Weihrauchbäume, Myrrhe und Aloe, allerbester Balsam." Eine Schilderung des Paradieses? Könnte es sein, dass der „Baum der Erkenntnis" tatsächlich ein Granatapfelbaum war?

JOHANNISBROTBAUM *(Ceratonia siliqua)*
Familie: Caesalpiniengewächse *(Caesalpiniaceae)*

Als Heimatgebiet des Johannisbrotbaums gilt der östliche Mittelmeerraum und besonders Arabien, doch wird er seit alter Zeit im gesamten Mittelmeergebiet kultiviert und ist heute von den Balkanländern bis zur Iberischen Halbinsel verbreitet, wohin ihn im 12. Jahrhundert die Araber brachten. Daneben wird er in vielen weiteren subtropischen und tropischen Ländern angebaut.

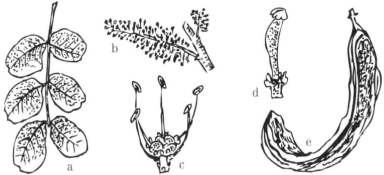

Johannisbrotbaum: Blätter (a), Blütenstände (b). Die männlichen Blüten (c) erkennt man an ihren fünf Staubblättern, die weiblichen Blüten (d) am kurzgestielten Fruchtknoten. Die Hülsenfrüchte (e) werden auch als Karoben bezeichnet.

Der 6–10 m hohe, breitkronige, an die Walnuss erinnernde Baum wächst selbst auf kargsten und trockensten Böden. Er trägt immergrüne, glänzend-lederige und paarig gefiederte Blätter (a). Im Herbst entwickeln sich am alten Holz die kätzchenförmigen Blütenstände (b). Ihre kleinen Blüten sind meist eingeschlechtig und zweihäusig verteilt, sodass es männliche und weibliche Bäume gibt. Kronblätter besitzen weder die männlichen Blüten (c), die man an ihren fünf Staubblättern erkennt, noch die weiblichen Blüten (d) mit ihrem kurzgestielten Fruchtknoten. Die Bestäuber – hauptsächlich wohl Fliegen – werden durch einen starken, übelriechenden Duft angelockt. Erst im Spätsommer des Folgejahres reifen die etwa 2–4 cm breiten und bis 20 cm langen Hülsenfrüchte (e) heran, die auch als Karoben bezeichnet werden. Sie sind schwärzlichbraun bis braunviolett gefärbt, oft hornartig gekrümmt und bleiben geschlossen.

Beim Aufbrechen der essbaren Hülsen, die auch bei uns zur Weihnachtszeit als besondere „Rascherei" für die Kinder gelegentlich angeboten werden, erkennt man zahlreiche Fächer. In jedem von ihnen ist ein glänzender Same eingeschlossen, der von einem weichen, süß schmeckenden Fruchtschalenmus („Pulpa") umhüllt wird. Es enthält bis zu 40 Prozent Zucker, außerdem Stärke und Eiweiß.

Die Hülsen werden in den Anbaugebieten zwar in erster Linie als Viehfutter genutzt, doch sind sie auch für den Menschen in vielfacher Hinsicht wertvoll. Geröstet dienen sie als Nahrungsmittel oder zur Herstellung von Kaffee-Ersatz („Karobkaffee"). Der gepresste und eingedickte Saft der Früchte wird als „Kaftanhonig" oder „Karobsirup" gegessen oder zur Alkoholgewinnung vergoren. Aus dem Nährgewebe der Samen stellt man das Johannisbrotkernmehl her, das eine fünfmal höhere Quellfähigkeit als Stärke besitzt. Dementsprechend wird es als Dickungsmittel und Stabilisator für Backwaren, Speiseeis, Soßen, Gelees, Wurst und Käse verwendet. Auch zum Stärken von Geweben und Garnen, bei der Anfertigung von pharmazeutischen und kosmetischen Artikeln, zur Papierherstellung etc. ist es hilfreich. Die Samen dienten früher wegen ihres nahezu konstanten Gewichts von 0,18 Gramm Juwelieren und Apothekern als Maßeinheit für Gold, Edelsteine und Arzneien. Sie wurden so zum Vorbild für das bekannte „Preziosengewicht" Karat.

Der Name Johannisbrot geht auf die Legende zurück, nach der sich Johannes der Täufer von diesen Früchten ernährt haben soll. Bei Matthäus (3,4) heißt es allerdings: „Heuschrecken und wilder Honig waren seine Nahrung." Fast identisch lautet der Text bei Markus (1,6). Zohary (1983) hat auf die Ähnlichkeit der hebräischen Wörter *hagavim* (= Heuschrecken) und *haruvim* (= Johannisbrotbäume) sowie auf die sich daraus ergebenden Diskussionen hingewiesen. Dagegen handelt es sich ziemlich eindeutig um die Hülsen unseres Baumes, die der verlorene Sohn begehrte (Lukas 15,16): „Er hätte gern seinen Hunger mit den Futterschoten gestillt, die die Schweine fraßen; aber niemand gab ihm davon."

JUDASBAUM *(Cercis siliquastrum)*
Familie: Caesalpiniengewächse *(Caesalpiniaceae)*

Beheimatet im östlichen Mittelmeergebiet, in der Türkei, in Syrien und Palästina ist der bis 8 m hohe Strauch oder Baum heute auch in Südeuropa weitverbreitet und teilweise eingebürgert.

Noch vor den lang gestielten, fast kreisrunden und am Grunde tief herzförmigen Blättern (a) entfalten sich im April oder Mai die zahlreichen Blüten und verleihen dem Ziergehölz einen prächtigen Anblick. Sie sind auffallend rosarot gefärbt und werden bis zu 20 mm lang. In Gruppen von vier bis zehn vereint brechen sie aus dem Stamm oder den Hauptästen hervor (b), eine botanische Besonderheit, die man als Stammblütigkeit oder Cauliflorie bezeichnet. Die etwa 10 cm langen, rotbraunen und fast pergamentartig dünnen Hülsen (c) enthalten mehrere sehr harte Samen. Sie bleiben den Winter über als sogenannte Wintersteher an der Pflanze.

Judasbaum: Blätter (a), Blüten (b), Hülsenfrüchte (c).

Der Überlieferung nach hat sich Judas einst an diesem Baum erhängt, obwohl die Art bei Matthäus (27,5) nicht genannt wird. Doch soll aus diesem Grund der Judasbaum oft krummwüchsig sein, sollen seine Blüten den Blutstropfen von Judas entsprechen.

LIBANONZEDER *(Cedrus libani)*
Familie: Kieferngewächse *(Pinaceae)*

Während die Libanonzeder im türkischen Taurusgebirge noch in ausgedehnten Beständen anzutreffen ist, sind von den einst so berühmten Zedernwäldern Libanons nur noch spärliche Reste übrig geblieben. Hauptgrund hierfür war der weit in die Vergangenheit zurückreichende Raubbau, da das rötliche, angenehm duftende und haltbare Holz als äußerst wertvoll galt. Schon aus dem 3. Jahrtausend v. Chr. gibt es Berichte über den Export von Zedern aus dem Libanon nach Mesopotamien und Ägypten. Auch das rund 5000 Jahre alte und beachtliche 53 m lange „Sonnenboot" des Pharao Cheops, 1954 im Süden seiner Pyramide aufgedeckt, besteht aus Zedernholz. Für seinen Tempelbau ließ Salomo (1. Könige 5,27–28) „Leute aus ganz Israel zum Frondienst ausheben. Dieser umfasste 30 000 Fronpflichtige. Von ihnen schickte er abwechselnd jeden Monat 10 000 Mann auf den Libanon. Einen Monat waren sie auf dem Libanon und zwei Monate zu Hause." Nach der Zerstörung des Tempels im Jahre 586 v. Chr. durch Nebukadnezar, der als König von Babylon für seinen Palast ebenfalls Zedernholz verwendete, wurde auch der zweite Jerusalemer Tempel aus dem Holz der Libanonzeder erbaut. Kein Wunder, dass bereits um 330 v. Chr. Alexander der Große im südlichen Libanon kein für den Schiffbau geeignetes Holz mehr fand und die Stämme aus dem weiter im Landesinneren gelegenen Antilibanon-Gebirge heranschaffen lassen musste. Daneben nutzte man Zedernholz zur Herstellung von Thronen und Altären, Möbeln, Truhen und Kästchen, seine Späne dienten als Räucherwerk oder zum Einbalsamieren von Leichen, Zedernharz und Zedernöl fanden medizinische Verwendung.

Der Baum und sein Holz galten als Sinnbild von Stärke und Würde, und nicht umsonst schmückt eine stilisierte Zeder das Wappen des Staates Libanon. Dort steht die Art heute unter Schutz, und einige der 30–45 m hohen Baumriesen mit Stammdurchmessern von 2–3 m sollen auf ein Alter von zwei- bis dreitausend Jahren zurückblicken. Die Krone der immergrünen Libanonzeder ist in der Jugend konisch, im Alter dagegen unregelmäßig schirmförmig und in mehreren Etagen ausgebreitet. Ihre meist dunkelgrünen, bis 35 mm langen Nadeln sind in Büscheln zu

30–40 vereint (a). Die walzenförmigen, bis 5 cm langen männlichen Blüten (b) besitzen zahlreiche schuppige Staubblätter und stehen aufrecht. Letzteres gilt auch für die weiblichen Blütenstände, die zu mehr oder weniger tonnenförmigen Zapfen (c) von 8–12 cm Länge heranwachsen. Sie zerfallen bei der Reife im zweiten oder dritten Jahr in die einzelnen Schuppen (d) mit jeweils zwei geflügelten Samen.

Libanonzeder: Ihre Nadeln sind in Büscheln zu 30–40 vereint (a). Die männlichen Blüten (b) besitzen zahlreiche schuppige Staubblätter und stehen aufrecht. Das gilt auch für die weiblichen Blütenstände, die zu tonnenförmigen Zapfen (c) heranwachsen. Sie zerfallen bei der Reife im zweiten oder dritten Jahr in die einzelnen Schuppen (d) mit jeweils zwei geflügelten Samen.

In der Bibel wird die Libanonzeder sehr häufig genannt. „Bist du König geworden, um mit Zedern zu prunken?", fragt Jeremia (22,15) den verbrecherischen Jojakim, dem er ein „Eselsbegräbnis" prophezeit. Dieser Herrscher über Juda von 609–597 v. Chr. gehörte nicht zu jenen, die Psalm 92,13 meint: „Der Gerechte gedeiht wie die Palme, er wächst wie die Zedern des Libanon." Oft auch wird auf ihre Bedeutung hingewiesen, etwa beim Palastbau Davids (2. Samuel 5,11) oder bei der Errichtung des Tempelbaus und der Palastgebäude Salomos (1. Könige 6,9–20; 7,1–12. 2. Chronik 2,2–9). Bekannt ist sogar, auf welche Weise die mächtigen Stämme transportiert wurden, denn Hiram I., König der Hafenstadt Tyrus, teilte Salomo mit (1. Könige 5,22–24): „Ich habe die Botschaft vernommen, die du an mich gesandt hast, und werde deinen Wunsch nach Zedern- und Zypreßenholz erfüllen. Meine Leute werden es vom Libanon an das Meer schaffen. Ich lasse es dann auf dem Meer an den Ort flößen, den du mir nennen wirst. Dort lasse ich es wieder auseinandernehmen, so daß du es abholen kannst."

LORBEER *(Laurus nobilis)*
Familie: Lorbeergewächse *(Lauraceae)*

Kleinasien und der Balkan werden vielfach als Heimat des immergrünen Strauches oder seltener 7–15 m hohen Baumes genannt, der wohl schon sehr frühzeitig durch Kultur ins gesamte Mittelmeergebiet gelangte und heute in Südeuropa weitverbreitet ist. Noch in Südtirol kommt die Art vor, während sie in Mitteleuropa nur als Kübelpflanze gehalten werden kann und frostgeschützt überwintert werden muss.

Lorbeer: Blätter (a), männliche Blüte (b): Ihre Staubbeutel (c) öffnen sich bei der Reife mit zwei Klappen (d), aus den weiblichen Blüten (e) gehen die Früchte (f) hervor.

Der Lorbeer besitzt 5–10 cm lange, am Rand meist gewellte und beidseitig zugespitzte Blätter (a), die wegen ihres Gehalts an ätherischem Öl zum Würzen vieler Speisen von Bedeutung sind. Die zweihäusig verteilten Blüten – es gibt also männliche und weibliche Pflanzen – haben eine vierzählige, unscheinbar weißlich-grüne Blütenhülle. Auf die 10–12

Staubblätter der männlichen Blüte (b), die an den Staubfäden zwei kleine Drüsen tragen, lohnt sich ein genauerer Blick mit der Lupe. Die zunächst noch geschlossenen Staubbeutel (c) öffnen sich bei der Reife auf recht ungewöhnliche Weise mit zwei Klappen, die wie „Hasenöhrchen" in die Höhe ragen (d). Entlang eines vorgebildeten Trennungsgewebes lösen sich bestimmte Bereiche der Staubbeutelwand ab und heben beim Aufkrümmen die Pollenkörner mit empor. Derartige „Klappenantheren" sind auch für die Sauerdorn- und Zaubernussgewächse typisch. Aus den weiblichen Blüten (e), die neben dem Stempel meist noch vier rückgebildete Staubblätter enthalten, gehen glänzendschwarze, 8–20 mm lange Früchte (f) hervor. Das aus ihnen destillierte Lorbeeröl diente hauptsächlich zur Förderung der Verdauung sowie gegen Koliken und zu schmerzstillenden Einreibungen.

Seit den Anfängen des klassischen Altertums ist der Lorbeer eng mit der griechischen Mythologie verbunden. Er war dem Apollo geweiht und wurde bei seinen Heiligtümern gepflanzt. Als Daphne Apollo verschmähte, verwandelte er sie in einen Lorbeerbaum. Der gottgeweihte Lorbeerstab verlieh dem Seher Orakelkräfte, die Priesterinnen in Delphi kauten Lorbeerblätter, um „Wahrsagegeist" zu erlangen. Der Lorbeerkranz galt als Zeichen der Dichter und Sänger, bei den Römern wurde er zum Symbol des Sieges und krönte erfolgreiche Feldherren, Cäsaren und Athleten. Der erste Brief an die Korinther (9,25) nimmt dazu Stellung. „Jeder Wettkämpfer lebt aber völlig enthaltsam; jene tun dies, um einen vergänglichen, wir aber, um einen unvergänglichen Siegeskranz zu gewinnen."

Der Lorbeer ist ein gutes Beispiel dafür, wie fraglich – aber natürlich auch wie schwierig – die Übersetzung mancher biblischer Pflanzennamen ist. Zohary (1983) hat darauf hingewiesen, dass das hebräische oren sehr wahrscheinlich den Lorbeer meint, dass es jedoch die Zürcher Bibel mit „Esche" und Luther mit „Fichte" wiedergibt, während man im Neuhebräischen darunter die „Pinie" versteht. In der Einheitsübersetzung findet sich in Jesaja 44,14: „Man fällt eine Zeder, wählt eine Eiche oder sonst einen mächtigen Baum, den man stärker werden ließ als die übrigen Bäume im Wald. Oder man pflanzt einen Lorbeerbaum, den der Regen groß werden läßt."

LORBEER-SCHNEEBALL *(Viburnum tinus)*
Familie: Geißblattgewächse *(Caprifoliaceae)*

Der Strauch oder 3–5 m hohe Baum mit seinen immergrünen Blättern ist im Mittelmeergebiet beheimatet. Dort entfaltet er zwischen November und April die weißen, schwach duftenden Blüten (a), die zu gewölbten, bis 7 cm breiten Trugdolden (b) vereint sind. Die eiförmigen Früchte (c) sind blauschwarz gefärbt. Zohary (1983) nimmt an, dass es sich bei den bei Jesaja genannten „Platanen" um den Lorbeer-Schneeball handelt.

Lorbeer-Schneeball: Der immergrüne Strauch entfaltet zwischen November und April die weißen Blüten (a), die zu Trugdolden (b) vereint sind. Die eiförmigen Früchte (c) sind blauschwarz.

Jesaja 41,19: „In der Wüste pflanze ich Zedern, Akazien, Ölbäume und Myrten. In der Steppe setze ich Zypressen, Platanen und auch Eschen."
Jesaja 60,13: „Die Pracht des Libanon kommt zu dir, Zypressen, Platanen und Eschen zugleich, um meinen heiligen Ort zu schmücken."

MYRTE, BRAUT-MYRTE *(Myrtus communis)*
Familie: Myrtengewächse *(Myrtaceae)*

Sie ist die einzige europäische Vertreterin der rund 3500 Arten umfassenden Familie, der viele wichtige Nutzpflanzen angehören, wie Eukalyptus, Gewürznelkenbaum, Nelkenpfeffer oder die Guave. Mit diesen Pflanzen sind zugleich die Hauptverbreitungsgebiete der Myrtengewächse angedeutet: Australien, Asien, Mittel- und Südamerika, also besonders die Tropen und Subtropen. Die namengebende Myrte dagegen ist in Vorderasien und im Mittelmeergebiet beheimatet, wo sie zu den bezeichnendsten „Gestalten" der mediterranen Hartlaubflora gehört.

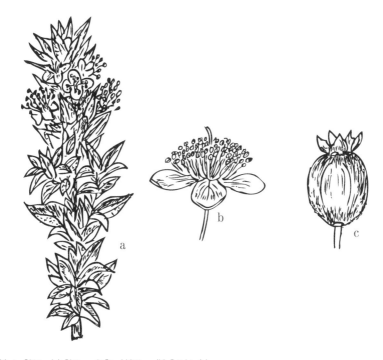

Myrte: Blätter (a), Blüten mit Staubblättern (b), Früchte (c).

Der immergrüne, buschige Strauch oder kleine, bis zu 5 m hohe Baum trägt lederartig-glänzende, 1–3 cm lange Blätter (a), denen beim Zerreiben aus winzigen Öldrüsen ein aromatischer Duft entströmt. Die ebenfalls duftenden, weißen und fünfzähligen Blüten mit ihren zahlreichen Staubblättern (b) entfalten sich im Juli/August. Aus ihnen wurde früher durch Destillation das sogenannte Engelwasser gewonnen, das ein sehr beliebtes Schönheitsmittel war. Sehr auffallend sind auch die vom Kelch gekrönten, purpurschwarzen und 6–12 mm langen Früchte (c).

Bei Festen religiöser wie weltlicher Natur kommt der Myrte seit Langem große Bedeutung zu. Bereits die Priester im alten Persien schürten die Opferfeuer mit ihren Zweigen, in der griechisch-römischen Mythologie war sie die heilige Pflanze von Aphrodite und Venus. Griechischen Sagen nach verwandelte Aphrodite die schöne jungfräuliche Priesterin Myrrah in einen Myrtenbaum, entstand Adonis aus seiner Rinde. Zweige und Blüten galten vor allem bei den Römern als Sinnbild von Jugend und Schönheit, auch der Liebesgott Amor wurde in der Myrte verehrt. Bei Feiern und bei Hochzeiten wurden kleinblättrige Myrten verwendet, während großblättrige Formen zur Herstellung von Girlanden und Kränzen für Verstorbene dienten („Totenmyrte").

Ihren Weg nach Mitteleuropa und Deutschland fand die Art erst ziemlich spät, in gleicher Weise gilt dies für ihre Verwendung als Brautstrauß. Es scheint, dass die Myrte zunächst nach Nürnberg und Augsburg gelangte, da diese beiden Städte nicht nur in regen Handelsbeziehungen mit der Levante, mit Griechenland und Italien standen, sondern das Vorrecht besaßen, Zweige für Brautkränze zu erwerben. 1583 soll eine Tochter von Jakob Fugger die Erste gewesen sein, die statt des üblichen Kranzes aus Rosmarin einen aus damals sehr kostbaren Myrtenzweigen trug.

Nach einer altarabischen Überlieferung hat schon Adam als Andenken an das verlorene Paradies einen Strauß der Myrte aus dem Garten Eden mitgenommen. Im Alten Testament begegnet sie uns in den Worten des Propheten Jesaja (41,19): „In der Wüste pflanze ich Zedern, Akazien, Ölbäume und Myrten" und (55,13): „Statt Dornen wachsen Zypressen, statt Brennesseln Myrten."

Seit biblischen Zeiten gehört die Myrte (vgl. auch Levitikus 23,40–43) zu den beim jüdischen Laubhüttenfest unverzichtbaren Pflanzen: Nehemia 8,15: „Geht in die Berge und holt Zweige von veredelten und von wilden Ölbäumen, Zweige von Myrten, Palmen und Laubbäumen zum Bau von Laubhütten, wie es vorgeschrieben ist."

PINIE, SCHIRMKIEFER *(Pinus pinea)*
Familie: Kieferngewächse *(Pinaceae)*

Ähnlich wie die Zypresse ist die Pinie mit ihrer schirmförmigen Krone ein Charakterbaum des Mittelmeergebietes und Südeuropas. In Italien und Griechenland bildet die 15–25 m hohe, langnadelige Art zum Teil ausgedehnte Wälder und wird dort seit alten Zeiten verehrt. Der von Weinlaub und Efeu umwundene Thyrsosstab des griechischen Weingottes Dionysos war mit einem Pinienzapfen (a) gekrönt. Er ist dick, bis zu 15 cm lang und enthält große, nur schmal geflügelte Samen (b). Geschält liefern sie die wohlschmeckenden und ölreichen Pinienkerne oder Pigniola-Nüsse des Handels.

Verschiedene Autoren vermuten, dass sich die folgenden Bibelstellen eigentlich auf die Pinie beziehen könnten: Jesaja 44,14: „Man fällt eine Zeder, wählt eine Eiche [= Pinie?] oder sonst einen mächtigen Baum ..." Hosea 14,9: „Ich bin wie der grünende Wacholder [= Pinie?], an mir findest du reiche Frucht."

Pinie: Der Pinienzapfen (a) enthält große, nur schmal geflügelte Samen (b).

OLEANDER *(Nerium oleander)*
Familie: Hundsgiftgewächse *(Apocynaceae)*

Die Art ist heute vom Mittelmeergebiet bis nach Vorderasien verbreitet, und irgendwo in dieser Region kann ihr Ursprung vermutet werden. Dort wird sie als Strauch oder Baum bis zu 5 m hoch und bietet mit den lanzettlichen Blättern und den endständigen, roten, rosaroten oder weißen Trugdolden einen prächtigen Anblick. Die bis zu 15 cm langen Früchte öffnen sich bei der Reife und überlassen dem Wind die Ausbreitung der behaarten Samen.

Der Oleander gehört bei uns zu den ältesten und bis heute beliebtesten Kübelpflanzen. Die erste Abbildung der Art in einem wissenschaftlichen Werk verdanken wir Leonhart Fuchs. In seinen beiden Kräuterbüchern (1542/43) weist er ausdrücklich auf ihre Giftigkeit hin. Sie ist auf das Herzglykosid Oleandrin zurückzuführen, das in allen Teilen der Pflanze enthalten ist. Hegi (Bd. V/3, 1927) berichtet, dass 1808 von 12 französischen Soldaten acht starben und vier schwer erkrankten, nachdem sie als Bratspieße für ihr Fleisch Oleanderstöcke benutzt hatten. Also Vorsicht, wenn sich Kinder allzu sehr mit dem eigenen „Terrassen-Oleander" befassen!

In der Bibel wird der Oleander beim Lob der Weisheit im Buch Jesus Sirach 24,14 angesprochen: „Wie eine Palme in En-Gedi wuchs ich empor, wie Oleandersträucher in Jericho ..."

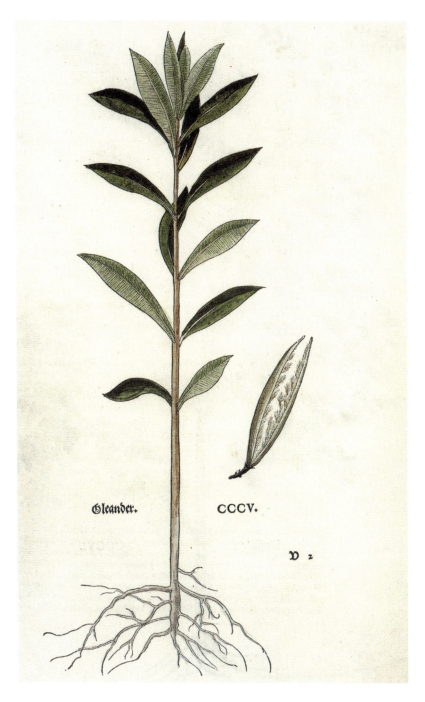

Der Oleander gehört zu den ältesten und beliebtesten Kübelpflanzen. Die erste Abbildung der Art in einem wissenschaftlichen Werk (*New Kreüterbuch*) verdanken wir Leonhart Fuchs.

PISTAZIE, ECHTE PISTAZIE *(Pistacia vera)*
Familie: Sumachgewächse *(Anacardiaceae)*

Der sommergrüne Baum, der selten eine Höhe von über 5 m erreicht, stammt aus dem Iran und Zentralasien. Er besitzt unpaarig gefiederte Blätter, die sich aus meist drei bis fünf eiförmigen Blättchen von 3–6 cm Länge zusammensetzen. Auf seine wenig ansehnlichen Blüten soll nicht näher eingegangen werden, zumal die etwa haselnussgroßen Steinfrüchte unter kulinarischen Gesichtspunkten viel bemerkenswerter sind. Der uns allen bekannte Steinkern öffnet sich bei der Reife von selbst, sodass die Gewinnung des Samens sehr erleichtert wird. Er enthält – und das ist ziemlich ungewöhnlich – grünlich oder rosa gefärbte Keimblätter, die manchen aus ihnen gefertigten Produkten einen interessanten Farbaspekt verleihen. Nach dem Rösten und Salzen gelangen die Samen unter den Namen Pistazien, Pistazienmandeln oder Aleppoünüsse in den Handel. Sie werden entweder direkt gegessen oder, wie Mandeln in der Konditorei, für Konfekt, Eiscreme etc. verwendet, nicht selten auch zur Herstellung feiner Wurstwaren.

Die Art wurde wahrscheinlich schon vor etwa 4000 Jahren in Kultur genommen und wird seit alter Zeit im Mittelmeerraum, heute in vielen Ländern der Erde angebaut.

Pistazien gehörten auch zu den Gaben, die Josefs Brüder auf ihrer zweiten Reise nach Ägypten mit sich führten (Genesis 43,11): „Nehmt von den besten Erzeugnissen des Landes in eurem Gepäck mit ...: etwas Mastix, etwas Honig, Tragakant und Ladanum, Pistazien und Mandeln."

ZYPRESSE, MITTELMEER-ZYPRESSE
(Cupressus sempervirens)
Familie: Zypressengewächse *(Cupressaceae)*

Sie ist von den Gebirgen des östlichen Mittelmeerraumes über Vorderasien bis zum Iran beheimatet und kommt sowohl in einer breitkronigen Wildform vor als auch in der viel bekannteren Pyramidenform, die heute in vielen südeuropäischen und anderen wärmeren Ländern als Allee- und Parkbaum sowie auf Friedhöfen angetroffen werden kann. Wegen ihrer Trockenresistenz wird die Art, die ein Lebensalter von über 2000 Jahren erreichen soll, auch forstlich kultiviert. Schon im alten Ägypten nutzte man das importierte, schwere und dauerhafte Holz mit seinem aromatischen Duft zur Herstellung von Särgen. Bei den Griechen galt die Zypresse als Baum der Unterwelt und war dem Hades geweiht, und dem römischen Gott Amor wird nachgesagt, dass er seine Liebespfeile aus ihrem Holz schnitzte.

Der bis über 30 m hohe Baum besitzt schuppenförmige, den Trieben eng anliegende Blättchen. Besonders kennzeichnend sind die 20–30 mm breiten, aus 8–10 Schilden zusammengesetzten Zapfen. Die geflügelten Samen reifen in zwei Jahren heran.

In biblischen Zeiten war die Zypresse ein sehr wichtiges Bauholz und wurde zusammen mit der Zeder auch aus dem Libanon eingeführt (vgl. 1. Könige 5,22–24 im dortigen Kapitel). Beide gemeinsam nennt ebenfalls Jesaja 41,19 in seiner Prophezeiung: „In der Wüste pflanze ich Zedern, Akazien, Ölbäume und Myrten. In der Steppe setze ich Zypressen, Platanen und auch Eschen." Noch nicht ausdiskutiert ist die Frage, ob Noah seine Arche aus Zypressenholz erbaute (Genesis 6,14).

NUTZPFLANZEN

BAUMFÖRMIGE BAUMWOLLE (Gossypium arboreum)
Familie: Malvengewächse (Malvaceae)

Von den weltweit in den Tropen und Subtropen vorkommenden rund 39 *Gossypium*-Arten wurden nur vier zur Gewinnung von Textilfasern in Kultur genommen: in der Neuen Welt neben der Westindischen Baumwolle (*G. barbadense* L.) die Amerikanische Baumwolle (*G. hirsutum* L.), welche mit über 90 Prozent der Weltproduktion die wirtschaftlich wichtigste Art darstellt, in der Alten Welt die Gewöhnliche Baumwolle (*G. herbaceum* L.) sowie die Baumförmige Baumwolle (*G. arboreum* L.).

Als Strauch oder kleiner Baum kann die vermutlich aus dem pakistanisch-indischen Raum stammende Art eine Höhe von etwa 5 m erreichen. Sie blickt in Asien auf eine jahrtausendealte Anbaugeschichte zurück und wurde schon zwischen 5000 und 3000 v. Chr. im Industal kultiviert. Zu ihr gehören wohl auch jene Pflanzen, über die der griechische Gelehrte Theophrast (371–287 v. Chr.) berichtet: „Die Bäume, aus denen die Inder Kleider machen, haben Blätter ähnlich dem Maulbeerbaum, aber die Pflanze als Ganzes ähnelt der Heckenrose. Sie pflanzen sie reihenweise in den Ebenen, sodass sie von Weitem wie Weinstöcke aussehen." In frühbiblischer Zeit war die Baumwolle weder in Ägypten noch in Palästina bekannt, erst viel später gelangte die Art durch die Araber in das Mittelmeergebiet. Heute reicht der Anbau der Baumförmigen Baumwolle von Afrika über Südarabien, Indien und China bis nach Südostasien.

Neben den drei- bis siebenlappigen Blättern (a) sind die großen fünfzähligen Blüten bemerkenswert (b). Leider fällt ihre weißlich-gelbe bis leicht rosafarbene Blumenkrone schon nach wenigen Tagen ab. Unterhalb der unscheinbaren Kelchblätter befindet sich ein sogenannter Außenkelch aus drei langgezähnten Hochblättern (c), in dem die Kapselfrucht (d) heranwächst. Sie öffnet sich bei der Reife von der Spitze her, sodass wie kleine Wattebäusche die weißen Baumwollhaare sichtbar werden (e). Sie gehen aus der Samenschale der zahlreichen bräunlichen Samen hervor, die sie dicht umhüllen. Durch Handpflücken oder mit Maschinen werden die Haare mit den Samen aus den Kapseln geerntet. Nach dem Trocknen entfernt man in besonderen Entkernungsmaschinen die Samen, die zur Gewinnung eines wertvollen Speiseöls dienen (zum

Beispiel „Cottonseed oil" der Ölsardinen-Dosen). Die einzelligen Haare bestehen aus Zellulose und werden bei unserer Art bis zu 22 mm lang.

Da die Baumwolle erst relativ spät nach Palästina kam, ist nicht ganz sicher, ob es sich bei den im Buch Ester (*„Das Mahl im Königspalast"*: 1,6) genannten weißen, roten und blauen „Baumwolltüchern" tatsächlich um solche handelte. Im Gegensatz zu manchen anderen Bibelausgaben umschreibt die Einheitsübersetzung die fragliche Stelle ganz elegant: „Weißes Leinen, violetter Purpurstoff und andere feine Gewebe waren mit weißen und roten Schnüren in silbernen Ringen an Alabastersäulen aufgehängt."

Baumförmige Baumwolle: Blatt (a) und Blüte (b), Außenkelch (c) mit Kapselfrucht (d) und geöffneter Frucht der Baumwolle (e).

DATTELPALME *(Phoenix dactylifera)*
Familie: Palmen *(Arecaceae)*

Mindestens 6000 Jahre zurück reicht die Kulturgeschichte der Dattelpalme, deren Hauptanbaugebiet sich heute von den Trockenzonen Vorderasiens bis nach Nordafrika erstreckt. In dieser Region wird wohl auch ihr Ursprung zu suchen sein, denn schon auf den uralten Reliefbildern Babyloniens und Ägyptens ist keine andere Pflanze häufiger dargestellt als sie. Diese hohe Wertschätzung kommt ebenfalls darin zum Ausdruck, dass seit alter Zeit die meisten Religionen der Palme und ihren Wedeln eine besondere Symbolkraft zuschreiben.

Allein die Dattelpalme ermöglichte dem Menschen das Vordringen in lebensfeindliche Wüsten- und Halbwüstengebiete, ihr verdankt er auch die Besiedlung der Oasen im arabischen und nordafrikanischen Raum. Frisch verzehrt, getrocknet oder zu „Dattelbrot" zusammengepresst, gehören die haltbaren Früchte zur täglichen Nahrung. Datteln sind zuckerreich und besonders durch ihren hohen Gehalt an wichtigen Mineralien, Vitaminen und Aminosäuren sehr wertvoll und gesund. Auch zu Kuchen, Saft, Sirup, Essig und alkoholischen Getränken lassen sie sich verarbeiten. Dattelkerne dienen als Futter für die Kamele oder geröstet als Kaffee-Ersatz. Palmenstämme nutzt man als Bauholz, ihre Blätter für Matten oder anderes Flechtwerk. Blatt- und Rindenfasern eignen sich zur Herstellung von Schnüren, Seilen und Körben, verwoben mit Kamelhaar liefern sie äußerst haltbare Stoffe für die Zelte. Die jungen und zarten Blätter des Gipfels schließlich werden als „Palmkohl", die Blattanlagen als „Palmenherzen" wie Gemüse zubereitet.

Die Dattelpalme besitzt einen 20–30 m hohen, schlanken Stamm, an dem die Narben der abgefallenen Blätter sichtbar bleiben. An seinem Ende trägt er eine Wedelkrone aus 30–40 bis zu 4 m langen Fiederblättern.

Zwischen ihnen entspringen die lang gestielten, rispenförmigen Blütenstände. Da die Pflanze zweihäusig ist, lassen sich weibliche und männliche Exemplare unterscheiden. Die weiblichen Palmen entwickeln an jeder ihrer 100–150 Rispen mehrere Hundert Blüten mit einer unscheinbaren dreizähligen Blütenhülle und drei Fruchtblättern. Die Rispen männlicher Palmen tragen etwa die doppelte Anzahl von Blüten mit drei bis sechs Staubblättern. Der in riesigen Mengen gebildete Blütenstaub wird natürlicherweise vom Wind auf die Blütennarben benachbarter weiblicher Palmen transportiert, sodass in der Regel eine männliche Pflanze für die Bestäubung von 30–50 weiblichen ausreicht. Zur Sicherung der Pollenübertragung und somit auch des Ertrags wird zusätzlich schon seit Jahrtausenden eine künstliche Bestäubung durchgeführt. Dazu werden männliche Blütenzweige entweder in den weiblichen Palmen ausgeschüttelt oder direkt in ihnen aufgehängt.

Im modernen Dattelanbau geht es rationeller zu. Neue Plantagen legt man heute zum Teil ausschließlich mit weiblichen Jungpflanzen an. Kommen sie nach fünf bis acht Jahren zum Blühen, wird ihre Bestäubung genau kontrolliert. Da der Pollen monatelang befruchtungsfähig bleibt und seine Herkunft die Qualität, Größe und Reifezeit der Datteln beeinflusst, haben sich Unternehmen auf die Zucht ausgewählter und geeigneter Vatersorten spezialisiert. Sie liefern den Blütenstaub zum richtigen Zeitpunkt an, der dann durch Handgeräte oder Maschinen verstäubt wird. Um voll ausgebildete Früchte zu erzielen, werden überzählige weibliche Blütenstände ganz entfernt oder die Fruchtstände ausgedünnt. Meist nur eines der drei Fruchtblätter reift in fünf bis sechs Monaten zur pflaumengroßen Dattel heran. Botanisch betrachtet ist sie eine fleischige Beere mit einem länglichen, längsgefurchten und harten Samen. Im Alter zwischen 40 und 80 Jahren erreicht die Palme mit jährlich 80–110 kg Datteln ihre höchsten Erträge. Sie kann etwa 200 Jahre alt werden, und selbst hundertjährige Pflanzen fruchten noch reichlich.

Die Dattelpalme, so besagt ein arabisches Sprichwort, gedeiht am besten, „wenn sie ihren Fuß im kühlen Wasser und ihr Haupt im Feuer des Himmels baden" kann. In der Tat benötigt sie für eine optimale Entwicklung trockene Luft und extrem hohe Sommertemperaturen von durchschnittlich 30 °C. Ihre Wurzeln reichen bis 6 m tief ins Grundwasser und sogar ein Salzgehalt von 1–1,5 Prozent wird ohne Weiteres ertragen. Diese Bedingungen findet die Pflanze in den meisten Oasen vor, denen sie mit ihren großen Blättern und den unzähligen grünen, gelben oder roten Früchten Buntheit verleiht und deren Bewohner sie mit Nahrung versorgt.

Verständlich daher, dass auch die Dattelpalme zum Vorbild für den berühmten „Baum des Lebens" wurde, dass die Oase selbst dem Paradies der Schöpfungsgeschichte Modell gestanden hat. Als „Lebensbaum" begegnet man stilisierten Palmen in der Kunst Vorderasiens ebenso wie im Tempel Salomos (1. Könige 6,29.32.35) oder in der Synagoge von Kapernaum, wo sie auf Friesen aus dem 3. Jahrhundert v. Chr. gefunden wurden.

Die nach jedem Wüstensturm sich wieder aufrichtende Pflanze gilt auch als Sinnbild für Aufrichtigkeit und Gerechtigkeit. Unter einer Palme hielt die Seherin Debora Gericht (Richter 4,4–5) und im Psalm 92,13–15 heißt es: „Der Gerechte gedeiht wie die Palme, er wächst wie die Zedern des Libanon. Gepflanzt im Hause des Herrn, gedeihen sie in den Vorhöfen unseres Gottes. Sie tragen Frucht noch im Alter und bleiben voll Saft und Frische ..."

Als Symbol der Freude beim Einzug Jesu in Jerusalem gehört die Palme zu den bekanntesten Pflanzen der Bibel: „Am Tag darauf hörte die Volksmenge, die sich zum Fest eingefunden hatte, Jesus komme nach Jerusalem. Da nahmen sie Palmzweige, zogen hinaus, um ihn zu empfangen, und riefen: Hosanna! Gesegnet sei er, der kommt im Namen des Herrn, der König Israels!" (Johannes 12,12–13)

Noch heute finden im Land der Bibel bei Prozessionen und Festen Wedel der Dattelpalme oder Teile davon Verwendung. In Italien treten an ihre Stelle die Blätter der häufig gepflanzten Kanarischen Dattelpalme (*Phoenix canariensis hort. ex* CHABAUD), und die schwäbischen „Palmen" oder „Palmkätzle" sind die Blütenzweige der Sal- oder Palm-Weide (*Salix caprea* L.).

FEIGENBAUM, FEIGE *(Ficus carica)*
Familie: Maulbeergewächse *(Moraceae)*

Von den etwa 800 bekannten Ficus-Arten, die bis auf die Antarktis über die Tropen und Subtropen aller Kontinente verbreitet sind, hat als einziger Vertreter nur der „echte" Feigenbaum in Europa seine Heimat gefunden. Erste Kulturen gab es schon in vorgeschichtlicher Zeit in Kleinasien und den angrenzenden Gebieten: Bei den Assyrern vor etwa 5000 Jahren, in Ägypten zur Zeit der Pharaonen, in Syrien und im alten Griechenland. Von hier aus erfolgte die Ausbreitung der Feigenkultur in die übrigen Mittelmeerländer, nach Asien, Afrika, Australien und Amerika.

Der milchsaftführende, laubabwerfende Feigenbaum kann bei guten Bedingungen ohne Weiteres eine Höhe von 10 m erreichen, bleibt auf felsigen, mageren und trockenen Böden aber meist viel kleiner. In den Achseln der charakteristischen Blätter werden die Blütenstände ausgebildet. Ihre eigenartige Gestalt entsteht dadurch, dass die Blütenstandsachse krugförmig emporwächst und die unscheinbaren kleinen Blüten in sich einschließt. Nur am oberen Ende bleibt eine winzige, von Blättchen nahezu verschlossene Öffnung (Ostiolum) frei. Nach der Befruchtung wächst der Fruchtstand zur Form und Größe einer kleinen Birne heran. Der Achsenbecher wird dabei fleischig, saftig und sehr süß, ebenso die Stielchen der zahlreichen weiblichen Blüten. Aus ihren Fruchtknoten gehen die vielen Steinfrüchtchen hervor, jene kleinen Körnchen, die wir beim Genuss einer solchen reifen Ess- oder Haus-Feige zerbeißen.

Hochinteressant ist der Bestäubungsvorgang bei der Feige, der hier nur stark vereinfacht dargelegt werden kann. Infolge der jahrtausendelangen Kultur sind aus der Wildfeige zwei Varietäten der Kulturfeige entstanden: die schon genannte Ess- oder Hausfeige (var. *domestica,* a), die ausschließlich weibliche Blüten mit langen Griffeln besitzt (b), und die sogenannte Bocks- oder Holzfeige (var. *caprificus,* c), die ungenießbar ist. In ihren Blütenständen findet man sowohl weibliche Blüten mit kurzen Griffeln (d) als auch männliche Blüten (e), die wie ein Kranz dicht um das Ostiolum herum angeordnet sind. Diese kurzgriffeligen weiblichen Blüten der Bocksfeige dienen den Weibchen einer ganz bestimmten Gallwespenart (der Feigenwespe *Blastophaga psenes*) zur Eiablage und den

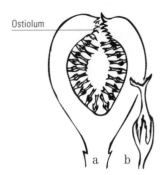

Feige: Es gibt zwei Arten der Kulturfeige: Die Ess- oder Hausfeige besitzt weibliche Blüten mit langen Griffeln (b), die ungenießbare Bocks- oder Holzfeige hat sowohl weibliche Blüten mit kurzen Griffeln (d) als auch männliche Blüten (e).

daraus schlüpfenden Larven als Nahrung. Letztere entwickeln sich in den Fruchtknoten zu flügellosen Männchen und zu geflügelten Weibchen. Nach der Begattung, die noch innerhalb der Bocksfeige erfolgt, sterben die Männchen ab, während die winzigen Weibchen zum „Ausgang" streben. Dort müssen sie sich durch die inzwischen entfalteten männlichen Blüten hindurchzwängen und werden reichlich mit Blütenstaub „eingepudert". Nach Verlassen ihrer eigenen Bocksfeige fliegen sie zur Eiablage sofort zu anderen Blütenständen, wobei sie zwischen den beiden Varietäten nicht unterscheiden. Sind die Weibchen wieder auf dem Blütenstand einer Bocksfeige gelandet, kriechen sie durch die Öffnung hinein. Mit ihrem Legestachel durchstechen sie nacheinander den Griffel der vielen weiblichen Blüten und lassen dort ihre Eier zurück, aus denen erneut Gallwespen entstehen. War ihr Landeplatz allerdings eine Essfeige, wird es für die Weibchen ziemlich „ungemütlich": Immer wieder versuchen sie, ihre Eier in den weiblichen Blüten abzulegen – aber ihre Legestachel sind für die langen Griffel zu kurz und die Fruchtknoten werden nicht erreicht. Bei ihrem vergeblichen Bemühen doch noch ein Ei loszuwerden, krabbeln sie von Blüte zu Blüte und streifen den von der Bocksfeige mitgebrachten Pollen an deren Narben ab. Sie gehen dabei so gründlich vor, dass ein einziges Weibchen sämtliche Blüten einer jungen Essfeige bestäuben kann! Pollenlos oder noch mit Blütenstaubresten behaftet wird schließlich der Blütenstand verlassen und die geschilderte Tätigkeit in einem anderen fortgesetzt.

Die Fuchs'sche Abbildung der Feige aus dem *New Kreüterbuch* zeigt die sprichwörtlich großen „Feigenblätter", mit denen Adam und Eva nach der Vertreibung aus dem Paradies ihre Scham verdeckten.

Da Ess- und Bocksfeigen alljährlich drei Generationen von Blütenständen hervorbringen und in zeitlicher Abstimmung damit ebenfalls die Gallwespen in drei Generationen auftreten, folgt diese ungewöhnliche Wechselbeziehung einem sich immer wiederholenden Zyklus. Die enge Partnerschaft sichert so einerseits die Fortpflanzung der Gallwespe und andererseits die Reifung und Samenbildung der Essfeige. Schon im Altertum hat man diese Zusammenhänge erkannt und die Bestäubung durch das Aufhängen von blühenden Zweigen der Bocksfeige in den Ästen der Essfeige gefördert. Bereits der Grieche Theophrast (371–287 v. Chr.) beschreibt diese sogenannte Kaprifikation.

Heute sind zahlreiche Feigensorten bekannt, die auch ohne Bestäubung wohlschmeckende Früchte liefern. Dazu gehören ebenfalls jene relativ kälteresistenten Essfeigen, die in unserem Klima nur eine Blütengeneration entwickeln und im September heranreifen.

Reife Feigen sind sehr weich und wenig haltbar, getrocknet lassen sie sich jedoch wegen ihres hohen Zuckergehalts lange aufbewahren. Da Zucker noch unbekannt war, dienten sie mit Rosinen, Datteln und Honig vor allem zum Süßen der Speisen. In der Heiligen Schrift wird der „Feigenbaum" häufig erwähnt. Dabei ist nicht immer eindeutig, ob die Essfeige oder die verwandte Eselsfeige oder Sykomore (*F. sycomorus* L.) gemeint ist. Ihre Früchte sind ebenfalls essbar, allerdings weniger wohlschmeckend. Dafür schätzte man die großen Bäume als Schattenspender und nutzte die Stämme für Bauzwecke. Viele Sarkophage und Mumiensärge im alten Ägypten wurden aus ihrem harten Holz gefertigt.

Die Feige ist die erste namentlich genannte Pflanze in der Bibel! Als Eva und Adam die verbotene Frucht vom „Baume der Erkenntnis" gegessen hatten, heißt es (Genesis 3,7): „Da gingen beiden die Augen auf, und sie erkannten, dass sie nackt waren. Sie hefteten Feigenblätter zusammen und machten sich einen Schurz." Im Paradiesgarten jedenfalls boten sich für dieses sprichwörtlich gewordene „Feigenblatt" eher die großen und gelappten Blätter der Essfeige an. Sie sind weniger rau und daher zweifellos „hautfreundlicher" als die zudem viel kleineren und ganzrandigen der Sykomore.

FLACHS, FASER-LEIN *(Linum usitatissimum)*
Familie: Leingewächse *(Linaceae)*

Der sehr wahrscheinlich von dem in Vorderasien und im Mittelmeerraum beheimateten Wild-Lein (*Linum bienne* MILL.) abstammende Faser-Lein gehört zu den ältesten Kulturpflanzen. Die frühesten Funde verkohlter Leinsamen stammen aus Mesopotamien und Syrien aus der Zeit zwischen 7500 und 5000 v. Chr., gewebtes Leinen ist in Ägypten seit dem Beginn des 4. Jahrtausends v. Chr. belegt. Bei Ausgrabungen jungsteinzeitlicher Siedlungen am Bodensee und in der Schweiz fand man 5000 bis 6000 Jahre alte Leinwandstücke und Reste von geknüpften Fischnetzen aus Flachs. Bis zum Aufkommen der Baumwollindustrie bildete der Faser-Lein in Europa die Grundlage der Textilherstellung.

Lein wird heute weltweit in verschiedenen Kulturformen sowohl wegen der Samen (Leinsamen und Leinöl) als auch wegen der Stängelfasern angebaut. Zu biblischen Zeiten jedoch wurde er ausschließlich als Faserpflanze genutzt, sodass wir uns hier auf den eigentlichen Faser-Lein beschränken können. Die Pflanzen erreichen eine Höhe von 70–150 cm und wurden auf möglichst unverzweigte und lange Stängel hin gezüchtet. Die fünfzähligen, meist himmelblauen Blüten sowie die fünf etwa auf Höhe der Narbe liegenden Staubbeutel öffnen sich bei Sonnenaufgang. Schon jetzt kommt es dabei in aller Regel zur Selbstbestäubung, denn die Blühzeit der einzelnen Blüte ist ungewöhnlich kurz: Im Juni und Juli sind an heißen Tagen die Blumenkronen gegen sieben Uhr voll entfaltet und zwischen 10.30 und 12 Uhr bereits wieder abgefallen. Die Rate der Fremdbestäubung liegt dementsprechend nur zwischen ein und zwei Prozent.

Die Gewinnung der in der Stängelrinde liegenden und bis zu 60 cm langen Faserbündel ist mit großem Aufwand verbunden und erfolgt traditionell in einzelnen Arbeitsschritten. Zunächst werden die reifen Pflanzen mit der Wurzel aus der Erde gezogen („Raufen"). Danach kommt das „Riffeln", wobei man die Stängel durch einen Kamm mit eisernen Zinken zieht und sie so von ihren Kapselfrüchten befreit. Beim nachfolgenden „Rösten" werden die Pflanzen auf Wiesen oder Stoppelfeldern für 3–4 Wochen ausgebreitet und der Witterung ausgesetzt („Tau-" oder

„Landröste"). Bei der „Wasserröste" dagegen taucht man sie 10–14 Tage lang in stehendes oder fließendes Wasser. In beiden Verfahren zersetzen Mikroorganismen die weichen Teile der Rinde und lösen die Faserbündel heraus. Nach dem „Trocknen" der Stängel folgt das „Brechen" auf der Flachsbreche, wobei die Fasern von den gröbsten ihnen noch anhaftenden Holzteilen befreit werden. Weitere Arbeitsgänge sind das „Reiben" mithilfe eines stumpfen Reibeisens auf einem rauen Lederlappen sowie das „Schwingen". Dabei wird ein spezielles, mit einer Schneide versehenes Schwingholz zum Abschaben der restlichen Stängelteile über die Faserbündel geführt. Beim abschließenden „Hecheln" zieht man die Bündel durch einen Eisenkamm oder ein Nagelbrett und trennt die kürzeren Fasern (den „Werg") von den längeren Faserbündeln, die nun endlich versponnen und verwoben werden können.

Die bekannteste Bibelstelle im Hinblick auf den Faser-Lein findet sich bei der Bestattung von Jesus (Johannes 19,39–42): „Es kam auch Nikodemus, der früher einmal Jesus bei Nacht aufgesucht hatte. Er brachte eine Mischung aus Myrrhe und Aloe, etwa hundert Pfund. Sie nahmen den Leichnam Jesu und umwickelten ihn mit Leinenbinden, zusammen mit den wohlriechenden Salben, wie es beim jüdischen Begräbnis Sitte ist."

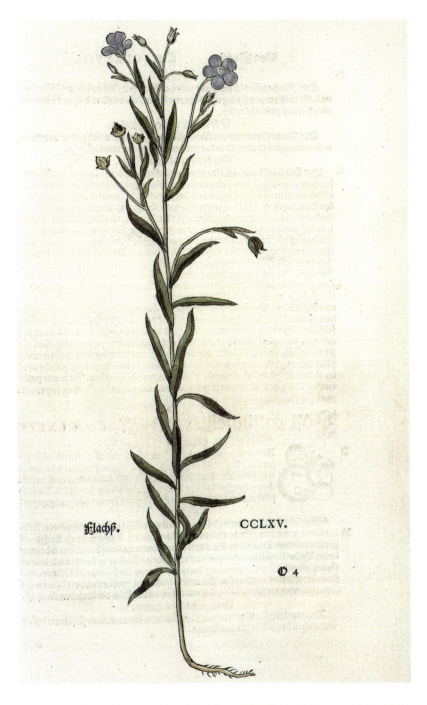

Faser-Lein oder Flachs gehört zu den ältesten Kulturpflanzen. Abgebildet ist die Pflanze auch im Fuchs'schen *New Kreüterbuch*.

FLASCHENKÜRBIS *(Lagenaria siceraria)*, MELONE *(Cucumis melo)*, WASSERMELONE *(Citrullus lanatus)*
Familie: Kürbisgewächse *(Cucurbitaceae)*

Die Familie umfasst etwa 120 Gattungen mit mehr als 700 Arten, die hauptsächlich in den Tropen und Subtropen verbreitet sind und nur vereinzelt in die gemäßigten Zonen vordringen. Wie beim abgebildeten Flaschenkürbis handelt es sich überwiegend um rankende Kräuter mit wechselständigen Blättern (a). Ihre strahligen, gelb oder weiß gefärbten Blüten (b) sind meist fünfzählig und eingeschlechtig, wobei sie ein- oder zweihäusig verteilt sein können. In den männlichen Blüten sind von den fünf Staubbeuteln meist zwei paarweise miteinander verschmolzen und oft stark gewunden (c). Der säulenförmige Griffel der weiblichen Blüten (d) teilt sich in drei häufig gegabelte Narben. Aus dem meist dreiblättrigen Fruchtknoten (e) entwickeln sich oft große, vielsamige und derbschalige Früchte (f). Botanisch betrachtet handelt es sich um Beeren.

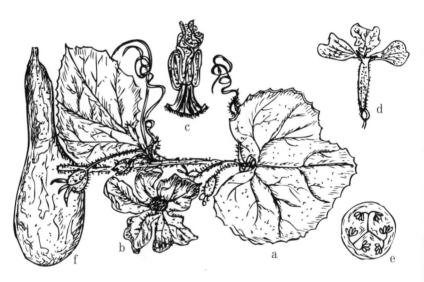

Flaschenkürbis: Rankpflanze mit wechselständigen Blättern (a), ihre Blüten (b) sind meist fünfzählig. In den männlichen Blüten sind von den fünf Staubbeuteln meist zwei paarweise miteinander verschmolzen (c). Der Griffel der weiblichen Blüten (d) teilt sich in drei Narben. Aus dem Fruchtknoten (e) entwickeln sich die Früchte (f).

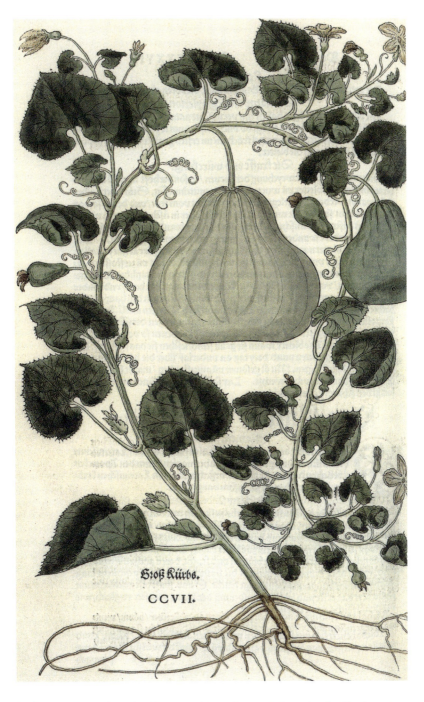

Das Fuchs'sche *New Kreüterbuch* enthält drei Kürbisformen; hier abgebildet ist der „GroßKürbs", eine Form des Flaschenkürbis: Die Zeichnung zeigt Früchte und Blüten zugleich.

Flaschenkürbisse sind in der Alten wie in der Neuen Welt weit verbreitet. Sie gehören, wie Brücher (1977) zu Recht meint, zu den „ehrwürdigsten" Kulturpflanzen der Menschheit. Ausgrabungen in Siam sowie in Mexiko brachten Reste der Art zutage, die bis 7000 v. Chr. zurückreichen. Fragmente von Flaschenkürbissen fand man in ägyptischen Gräbern (3500 v. Chr.) und in Peru (3000 v. Chr.). Lange bevor die Töpferei erfunden wurde, dienten die hartschaligen und sehr haltbaren Fruchtschalen nach Entfernung des Fleisches und der Samen für die unterschiedlichsten Zwecke. In den verschiedensten Formen gezüchtet, waren sie als Flaschen, Gefäße, Schalen, Trinkbecher, Trichter, Schöpfkellen, Teller, Löffel etc. im Gebrauch. Als „historische" Weinflaschen findet man sie noch heute in Italien (zum Beispiel Abano), Weinheber – heute in identischer Gestalt aus Glas gefertigt – waren sie beispielsweise in Ungarn. Nicht zuletzt als Penishülle bildeten (bilden?) sie das oft einzige Bekleidungsstück der Berg-Papuas in Neuguinea. Die ersten europäischen Darstellungen der Art – und sogar schon in drei verschiedenen Formen – gehen auf Leonhart Fuchs zurück.

Nach Zohary (1983) lässt sich der Stadtname Dilan von *delaat* ableiten, das in der nachbiblischen Literatur als Bezeichnung für den Flaschenkürbis verwendet wurde. Wir finden den Namen im Zusammenhang von Gebietsabgrenzungen bei Josua 15,37–38: „Zenan, Hadascha, Migdal-Gad, Dilan, Mizpe, Jokteel …"

Melonen und Wassermelonen, beide vermutlich aus dem tropischen Afrika stammend, sind ebenfalls seit ältesten Zeiten in Kultur. Sie werden heute in den meisten wärmeren Ländern der Erde in zahllosen Sorten angebaut. Besonders beliebt sind bei uns von Ersteren die wohlschmeckenden Netz- und Zuckermelonen, von den Letzteren ihre ebenfalls süßen und saftigen Früchte. Da es einerseits von der Melone auch Formen mit schlanken, gurkenähnlichen Früchten gibt, andererseits die Gurke (*Cucumis sativus* L.) erst in der Spätantike in den Mittelmeerraum gelangte und somit zu biblischen Zeiten noch unbekannt gewesen sein dürfte, sollten die im Alten Testament genannten „Gurken" oder „Gurkenfelder" mit Melonen übersetzt werden. Unter „Melonen" ist dagegen mit hoher Wahrscheinlichkeit die Wassermelone zu verstehen.

„Citrullen", Wassermelonen, zeigt diese Abbildung aus dem *New Kreüterbuch*. Sie stammen vermutlich aus dem tropischen Afrika und werden seit ältesten Zeiten kultiviert.

In Erinnerung an ihre Süße und ihren Saftreichtum beschwerten sich die Israeliten während ihres Auszugs aus Ägypten bei Mose (Numeri 11,5–6): „Wir denken an die Fische, die wir in Ägypten umsonst zu essen bekamen, an die Gurken und Melonen, an den Lauch, an die Zwiebeln und an den Knoblauch. Doch jetzt vertrocknet uns die Kehle, nichts bekommen wir zu sehen als immer nur Manna."

Mit deutlichen Worten beschimpft der Prophet Jesaja die Zustände in Juda und Jerusalem und meint unter anderem (1,8): „Die Tochter Zion steht verlassen da wie eine Hütte im Weinberg, wie eine Wächterhütte im Gurkenfeld."

Der Hinweis auf ein weiteres Kürbisgewächs, die Koloquinthe (*Citrullus colocynthis* [L.] SCHRAD.), findet sich im zweiten Buch der Könige 4,39–40: „Einer von ihnen ging auf das Feld hinaus, um Malven zu holen. Dabei fand er ein wildes Rankengewächs und pflückte davon so viele Früchte, wie sein Gewand fassen konnte. Dann kam er zurück und schnitt sie in den Kochtopf hinein, da man sie nicht kannte. Als man sie aber den Männern zum Essen vorsetzte und sie von der Speise kosteten, schrien sie laut und riefen: Der Tod ist im Topf, Mann Gottes. Sie konnten nichts essen."

Es wird allerdings ein recht unbedarfter Sammler gewesen sein, denn die Früchte sind in der Tat tödlich giftig. Nur in der Hand des kundigen Arztes dienten sie in geringer Dosierung als stark wirkendes Abführmittel. Im Mittelalter muss mit der lebensgefährlichen Droge viel „Schindluder" getrieben worden sein, denn äußerst drastisch und unübertroffen äußert sich Fuchs (1543): „Coloquint ist aber dem magen über die massen schedlich. Derhalben billich von der Oberkeyt sollten gestrafft werden die landsteicher / Juden / und andere küeaertzt / welche die leüt mit dieser hefftigen artzney der massen purgieren / das jhr vil den geyst auffgeben. ... Ja auch vil Prediger / die sich Evangelisch nennen / vergessen gantz unnd gar ihres beruffs / dem sie trewlich unnd fleissig sollten außwarten und nachkommen / laut ihrer eygen / ja Christi / leer / und richten ihren jarmarckt auff / geben mehr artzney auß / dann etwan zween rechtgeschaffne aertzt und Doctores."

GELBWURZEL, KURKUMA *(Curcuma longa)*
Familie: Ingwergewächse *(Zingiberaceae)*

Rund 50 Arten enthält die Gattung *Curcuma*, deren Heimat im tropischen Asien und Australien liegt. Es sind, wie die abgebildete Gelbwurzel, Rosettenpflanzen mit meist großen Blättern (a), zapfenähnlichen Blütenständen (b) und knollig verdickten unterirdischen Wurzelstöcken oder Rhizomen (c), an denen fingerartige Seitentriebe zu erkennen sind.

Gelbwurzel: Blätter (a), Blütenstände (b) und knollig verdickte unterirdische Wurzelstöcke oder Rhizome (c).

Die Art wird aufgrund dieser Rhizome hauptsächlich in Indien angebaut. Sie liefern wegen ihres Gehalts an ätherischem Öl ein ingwerähnliches, schwach bitteres und zugleich scharf schmeckendes Gewürz, das obligatorischer Bestandteil des bekannten Currypulvers ist. Beim Kochen entwickelt sich ein auffallend gelber Farbstoff (Curcumin), der gleichermaßen für Lebensmittel, Stoffe oder Leder verwendet werden kann. Als „Kurkuma", „Safranwurz", „Tumeric" oder „Gelbwurzel" war das Gewürz schon im Altertum im Mittelmeerraum, in Südeuropa und auch im mittelalterlichen Deutschland im Handel.

Unter dem Namen *kurkum* ist es bis heute auf den arabisch-orientalischen Märkten als Gewürz und Arznei zu erhalten, für die gleichen Zwecke aber auch *saferam* und *kurkam*, die vom Echten Safran oder Safran-Krokus (*Crocus sativus* L.) in der Bibel herstammen. Welche Pflanzenart also unter dem in der Bibel genannten „Safran" oder „Krokus" gemeint war, bleibt offen.

Trotzdem ist es vielleicht für manche Leserin/manchen Leser nicht uninteressant, einmal zwei Übertragungen des Hohelieds 4,13–14 zu vergleichen. Die Zürcher Bibel schreibt: „Dein Schoß ist ein Park von Granatbäumen mit allerlei köstlichen Früchten, Cypertrauben samt Narden, Narde und Safran, Gewürzrohr und Zimt samt allerlei Weihrauchhölzern, Myrrhen und Aloe mit den allerbesten Balsamen."

In der Einheitsübersetzung ist zu lesen: „Ein Lustgarten sprießt aus dir, Granatbäume mit köstlichen Früchten, Hennadolden, Nardenblüten, Narde, Krokus, Gewürzrohr und Zimt, alle Weihrauchbäume, Myrrhe und Aloe, allerbester Balsam."

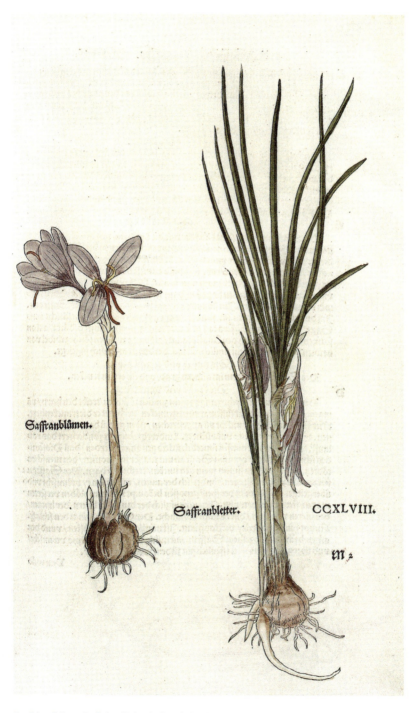

Der Echte Safran oder Safran-Krokus im Fuchs'schen *New Kreüterbuch*.

HENNASTRAUCH *(Lawsonia inermis)*
Familie: Weiderichgewächse *(Lythraceae)*

Der laubabwerfende 2–6 m hohe Strauch von der Tracht eines Ligusters ist von Afrika über Palästina, Arabien und den Iran bis nach Indien verbreitet und wird heute in zahlreichen Ländern kultiviert. Seine Blätter (a) sind gegenständig, die gelblich-weißen bis ziegelroten, vierzähligen Blüten (b) zu ansehnlichen Rispen (c) vereint. Die kugeligen Kapselfrüchte (d = Fruchtstand, e = Einzelfrucht) enthalten zahlreiche Samen.

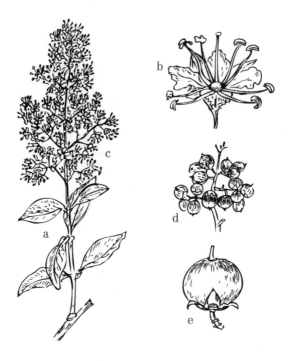

Hennastrauch: Blätter (a), zu Rispen (c) vereinte Blüten (b). Die kugeligen Kapselfrüchte (d = Fruchtstand, e = Einzelfrucht) enthalten zahlreiche Samen.

Der Hennastrauch ist eine uralte Kulturpflanze und wurde vor allem wegen des wasserlöslichen und dauerhaften Farbstoffs in seinen Blättern und Stängeln angebaut. Getrocknet und zerkleinert wird das Pulver in Kalkmilch eingerührt und daraus eine rote Paste gewonnen. Neben den Indern schätzten und schätzen besonders die Araber den Farbstoff zum Färben der Finger- und Zehennägel, der Handteller und Augenlider sowie der Haare. Die alten Ägypter färbten damit die Nägel und Haare der Verstorbenen, hüllten die Mumien in mit Henna gefärbte Leinentücher ein, wie Funde aus der 13. und 14. Dynastie (1785–1650 v. Chr.) ergaben. Zum Einbalsamieren verwendeten sie ein aus den Blüten destilliertes Parfüm, das übrigens noch heute in der kosmetischen Industrie Bedeutung hat. Henna besitzt eine antiseptische Wirkung und wird seit alter Zeit bei Blasenentzündungen, Ausschlägen, Geschwüren, Wunden etc. verwendet. Bereits Dioskorides (1. Jahrhundert n. Chr.) weist auf die abführende Wirkung hin. Er bezeichnete die Hennapflanze als *kýpros*, woraus in der Bibelübersetzung von Luther „Zypertraube" bzw. „Zyperblume" wurde.

Der Hennastrauch wird nur im Hohelied erwähnt, wo es 1,14 heißt: „Eine Hennablüte ist mein Geliebter mir aus den Weinbergen von En-Gedi." Noch romantischer klingt 4,13: „Ein Lustgarten sproßt aus dir, Granatbäume mit köstlichen Früchten, Hennadolden, Nardenblüten, Narde, Krokus, Gewürzrohr und Zimt, alle Weihrauchbäume, Myrrhe und Aloe, allerbester Balsam."

KAPERNSTRAUCH *(Capparis spinosa)*
Familie: Kaperngewächse *(Capparaceae)*

Die Art ist im gesamten Mittelmeergebiet bis hin zu den Kaukasusländern und nach Indien verbreitet und wird in vielen Ländern angebaut. Der dem Boden aufliegende oder bis meterhohe Strauch besitzt rückwärtsgerichtete Nebenblattdornen und wechselständige, eirunde Blätter (a). In den rundlichen, von den ungleichen Kelchblättern umhüllten Blütenknospen (b), die die begehrten Kapern liefern, herrscht ein ziemliches

Kapernstrauch: Blätter (a), Blütenknospen (b) und Blüte (c), aus dem Fruchtknoten (d) wächst eine fleischige Beere (e) heran. Als Kapern verzehren wir die Blütenknospen.

„Gedränge". In ihnen liegen, jetzt noch verborgen, die übrigen Teile der Blüte (c): neben dem Stempel die vier großen, weiß bis hellrosa gefärbten Kronblätter, von denen sich bei der Entfaltung die zahlreichen Staubblätter mit ihren gebogenen violetten Filamenten kontrastreich abheben. In ihrer Heimat öffnen sich die von Nachtschmetterlingen (Schwärmern) bestäubten Blüten erst am späten Nachmittag oder gegen Abend; am Morgen danach sind sie bereits verwelkt. Der anfangs keulenförmige Fruchtknoten (d) wächst zu einer etwa pflaumengroßen fleischigen Beere (e) heran, deren zahlreiche Samen von Vögeln verbreitet werden.

Nach dem Sammeln lässt man die Blütenknospen zunächst etwas welken. Nach Größe und Qualität sortiert, werden sie in Salzwasser (Salzkapern), Essigwasser (Essigkapern) oder in Olivenöl (Ölkapern) konserviert und gelangen als „Nonpareilles" (es sind die besten, sie kommen aus der Provence), „Surfines", „Capucines", „Capperoni" etc. in den Handel. Ihr säuerlich-salziger und zugleich etwas scharfer und bitterer Geschmack rührt von dem Alkaloid Capparidin, dem Glykosid Rutin, der Caprinsäure sowie einem knoblauchartigen Öl her. Dieses Rutin findet sich bei echten Kapern in Form kleiner weißer oder gelber Kristalle auf der Oberfläche der Kelch- und Blütenblätter. Fehlen sie, dann wurden einem falsche Kapern „angedreht", wie zum Beispiel Blütenknospen von Löwenzahn und Besenginster, von der Sumpfdotterblume oder der Kapuzinerkresse. Davon abgesehen, werden in verschiedenen Ländern in gleicher Weise wie die Knospen auch die Kapernfrüchte verarbeitet und als „Cornichons de caprier", „Kaperngurken" oder „Kapernäpfel" gegessen. Im Altertum diente die bittere, gewürzhafte Rinde als Heilmittel bei Erkrankungen der Milz und bei Menstruationsbeschwerden.

Da die Pflanze gern sonnige Felsen und Mauern besiedelt, ist nicht auszuschließen, dass es sich bei Salomos *Ysop* (1. Könige 5,13) um unsere Art handelt: „Er redete über die Bäume, von der Zeder auf dem Libanon bis zum Ysop, der an der Mauer wächst. Er redete über das Vieh, die Vögel, das Gewürm und die Fische."

Ansonsten wird der Kapernstrauch nur im Buch Kohelet (12,5) im Hinblick auf Alter und Tod erwähnt: „... der Mandelbaum blüht, die Heuschrecke schleppt sich dahin, die Frucht der Kaper platzt, doch ein Mensch geht zu seinem ewigen Haus, und die Klagenden ziehen durch die Straßen ..."

KORIANDER *(Coriandrum sativum),* **DILL** *(Anethum graveolens,*
KREUZKÜMMEL *(Cuminum cyminum)*
Familie: Doldengewächse *(Apiaceae)*

Mit insgesamt etwa 300 Gattungen und rund 3000 Arten sind die weltweit verbreiteten Doldengewächse eine der großen Familien unter den Blütenpflanzen. Ihre wechselständigen, in der Regel mehrfach geteilten Blätter besitzen oft auffällig vergrößerte Blattscheiden. Sehr charakteristisch sind die Blütenstände: einfache Dolden oder meistens sogar Doppeldolden, die sich aus kleineren Döldchen zusammensetzen. Die Blütenstiele entspringen jeweils von einem Punkt, ein Merkmal, auf das sich der alte Familienname *Umbelliferae* (abgeleitet von *umbella* = Schirm) bezog. Durch ihren Zusammenschluss zu einem vielblütigen Blütenstand gewinnen die kleinen, fünfzähligen und meist zwittrigen Blüten an optischer Attraktivität. Angelockt werden die Bestäuber (Fliegen, Käfer, Bienen etc.) außerdem vom Pollen der fünf Staubblätter, besonders aber durch ein „Griffelpolster", dem die beiden Griffel aufsitzen. Dieses Drüsengewebe ist bei einigen Arten recht kräftig entwickelt und produziert reichlich Nektar, sodass man nicht selten Dutzende von Insekten auf den Dolden antrifft. Der unterständige Fruchtknoten besteht aus zwei Fruchtblättern, die zu zwei einsamigen Teilfrüchtchen heranwachsen. Sie sitzen anfangs noch an einem gemeinsamen gegabelten Fruchtträger (Karpophor), von dem sie sich bei der Reife ablösen.

Der oft hohe Gehalt an ätherischen Ölen in der Wurzel, in den Blättern und Früchten bedingt die Verwendung vieler Arten als wichtige Gewürz- und Arzneipflanzen. Dies gilt auch für die folgenden, in der Bibel genannten Doldengewächse.

Koriander stammt vermutlich aus dem östlichen Mittelmeergebiet und Vorderasien. Schon sehr früh wurde er weit verbreitet und war in Ägypten spätestens seit der 18. Dynastie (1551–1305 v. Chr.) bekannt, wie Funde im Grab Tutanchamuns belegen. Aus Aufzeichnungen geht hervor, dass man die Früchte als anregendes Mittel sowie bei Darm- und Lebererkrankungen nutzte. Auch die alten Griechen und Römer verwendeten sie, und Letztere waren es wohl, die den Koriander zu uns brachten. In der Landgüterordnung Karls des Großen (812) wird er ebenso genannt wie in den arzneikundlichen Werken des Mittelalters. Auch Leonhart Fuchs bildet die Pflanze im *New Kreüterbuch* ab und empfiehlt ihre Früchte, unter anderem zur Förderung der Verdauung. Dazu dienen sie noch heute, außerdem als Fisch- und Fleischgewürz sowie zur Aromatisierung von Backwaren (Brot, Spekulatius, Lebkuchen), Soßen, Gemüsen und Likören.

Die ganze Pflanze wie die unreifen Früchte kennzeichnet ein unangenehmer Wanzengeruch, während die reife Frucht einen angenehm würzigen Geschmack und Geruch besitzt. Sie ist 2–5 mm dick und kugelig, da sie – als Ausnahme – nicht von selbst in ihre beiden Teilfrüchtchen zerfällt.

Dass die Israeliten den Koriander in Ägypten kennengelernt hatten, ist kaum zu bezweifeln. Allerdings gilt die Übersetzung des hebräischen Begriffes gad mit „Koriandersamen" in den folgenden Bibelstellen als sehr fraglich. Auch der Vergleich mit dem weißen Manna beim Marsch durch die Wüste lässt sich botanisch nicht untermauern, da Koriander dort nicht wächst und seine Früchte braun sind: „Das Haus Israel nannte das Brot [das der Herr vom Himmel regnen ließ] Manna. Es war weiß wie Koriandersamen und schmeckte wie Honigkuchen" (Exodus 16,31). „Das Manna war wie Koriandersamen ..." (Numeri 11,7).

Dill, ursprünglich vielleicht im Mittelmeerraum, nach anderer Ansicht eher in Asien (Kaukasusländer, Iran bis Indien) beheimatet, gehört ebenfalls zu den sehr alten Gewürz- und Arzneipflanzen. Ägyptern, Arabern, Juden, Griechen und Römern war die streng würzig riechende Art ebenso bekannt wie den Autoren der mittelalterlichen Kräuterbücher. Dill galt im ländlichen Aberglauben als Zauber, Hexen oder Dämonen vertreibende Pflanze und wurde mit sich getragen oder im Stall verteilt. Brautleute streuten sich in Brandenburg Dill und Kreuzkümmel in die Schuhe, um beim Kirchgang geschützt zu sein. Aus dem Odergebiet ist überliefert, dass früher die zukünftige Ehefrau (in weiser Voraussicht?) Dill und Senf mit in die Kirche nahm und während der Predigt murmelte: „Ich habe Senf und Dille, Mann, wenn ich rede, schweigst du stille!"

Vom weiß bis rötlich blühenden Koriander unterscheidet sich der Dill vor allem durch seine dottergelben Blüten, die zu bis 15 cm breiten und

Leonhart Fuchs bildet den Koriander im *New Kreüterbuch* ab und empfiehlt dem geneigten Leser seine Früchte zur Förderung der Verdauung.

vielstrahligen Doppeldolden vereint sind. Die 3–5 mm langen Früchte sind leicht spaltbar, gerippt und linsenförmig zusammengedrückt. Ihre Inhaltsstoffe regen die Magensaftsekretion an und haben beruhigende Wirkung. Im Gegensatz zu den skandinavischen Ländern werden bei uns die Früchte und das frische Kraut weniger verwendet. Bekannt sind natürlich die in Dill eingelegten Gewürzgurken, doch in Maßen gebraucht, verleiht die Pflanze Kohl-, Fisch- und Fleischgerichten einen interessanten und angenehmen Geschmack. Auch zum Würzen von Quark, Sauerkraut, Salaten oder Soßen ist sie empfehlenswert.

Kreuzkümmel ist als Wildpflanze nicht sicher bekannt, doch dürfte die Art nach Ansicht vieler Autoren im östlichen Mittelmeergebiet ihren Ursprung haben. Sie war bereits im Altertum in Ägypten, Griechenland und bei den Römern als Küchengewürz in Gebrauch. Schon im 9. Jahrhundert n. Chr. wurde Kreuzkümmel neben anderen Heilkräutern im Arzneipflanzengarten des Klosters St. Gallen herangezogen. Die Araber sorgten frühzeitig für seine Verbreitung nicht nur nach Asien, sondern auch in den westlichen Mittelmeerraum, wo es ab dem 12. Jahrhundert besonders in Spanien und Süditalien bekannte Anbaugebiete gab. Im Mittelalter wurde Kreuzkümmel ebenfalls in Mittel- und Süddeutschland kultiviert, heute werden seine Früchte importiert. In der Volksmedizin nutzte man sie gegen Krämpfe und Schmerzen im Unterleib.

Die Doppeldolden der Art mit ihren weißen oder roten Blüten haben nur drei bis fünf Strahlen und werden von den haarfein zerteilten Blättern oft übergipfelt. Die schmale, um 6 mm lange und schmale Frucht ist nicht leicht spaltbar. Sie wird meist von „Schnäbelchen" gekrönt und als weiteres Merkmal sind ihre Rippen stachelborstig.

Kreuzkümmel ist in Indien Bestandteil des Currypulvers und erfreut sich vor allem in Nordafrika und vielen orientalischen Ländern zum Würzen von Fleisch, Fisch, Brot, Auberginen und anderen Gemüsen großer Beliebtheit. Auch zur Bereicherung unserer Küche können die frisch gemörserten und aromatischen Früchte beitragen.

Dill und Kümmel (wahrscheinlich ist Kreuzkümmel gemeint) werden in der Bibel nur ein einziges Mal erwähnt – dafür aber gleich gemeinsam. Dass man auf beide, offenbar sehr geschätzte Gewürze sogar Steuern erhob, geht aus der Strafrede Jesu hervor (Matthäus 23,23–24): „Weh euch, ihr Schriftgelehrten und Pharisäer, ihr Heuchler! Ihr gebt den Zehnten von Minze, Dill und Kümmel und laßt das Wichtigste im Gesetz außer acht: Gerechtigkeit, Barmherzigkeit und Treue. Man muß das eine tun, ohne das andere zu lassen. Blinde Führer seid ihr: Ihr siebt Mücken aus und verschluckt Kamele."

LAUCH, WINTERLAUCH, PORREE *(Allium porrum)*, ZWIEBEL, KÜCHENZWIEBEL *(Allium cepa)*, KNOBLAUCH *(Allium sativum)*
Familie: Lauchgewächse *(Alliaceae)*

Als allgemein gebräuchliche Gemüse- und Würzpflanzen brauchen sie nicht näher vorgestellt zu werden. Neu mag aber manchem Leser sein, dass die Botaniker sie seit einigen Jahren einer eigenen Familie zuordnen, während man sie früher zu den Liliengewächsen (Liliaceae) rechnete. Die etwa 700 verschiedenen *Allium*-Arten besiedeln die gesamte nördliche Halbkugel und sind besonders zahlreich in Vorder-, Mittel- und Zentralasien, im Mittelmeergebiet und im westlichen Nordamerika vertreten. Die bekannteste unter den hierzulande urwüchsigen Wildarten dürfte der von April bis Juni blühende Bärlauch (*A. ursinum* L.) sein.

Lauch oder Porree hatte in Ägypten als Nahrungsmittel mit ihm zugeschriebener aphrodisierender Wirkung, aber auch als Bestandteil von Blumengebinden und Opfergaben einen hohen Stellenwert. Von dort stammen die bis jetzt ältesten Nachweise aus Gräbern (1550–1320 v. Chr.). Im klassischen Altertum wurde Lauch als Gemüse in Griechenland und im Römischen Reich angebaut. Kaiser Nero soll – angeblich um seine Stimme zu stärken – Unmengen davon verspeist haben. Jedenfalls ging er nicht nur als Christenverfolger, sondern auch als *porrophagus* (Lauchesser) ziemlich unrühmlich in die Geschichte ein. Vermutlich mit den Römern gelangte Porree als Nutz- und Arzneipflanze zu uns und wird seit dem Mittelalter kultiviert. Er ist die einzige ausgesprochene Gemüseart der Gattung, zumal eine Zwiebelbildung unterbleibt.

Zwiebeln sind im Alten Reich Ägyptens in vielen Grabkammern bereits aus der Zeit zwischen 3000–2100 v. Chr. in Ernte- und Opferszenen dargestellt, müssen also schon sehr früh aus Vorder- und Mittelasien in den Mittelmeerraum gekommen sein. Sie waren dort nicht nur Volksnahrungsmittel, sondern sollen zusammen mit Lauch und Knoblauch wesentlich zur Ernährung (und zur Gesunderhaltung) der Bauarbeiter der Pyramiden beigetragen haben. Zur „Stärkung nach schrecklichem Kampf" erwähnt sie Homer (8. Jahrhundert v. Chr.) in seiner *Ilias*. Im alten Rom noch allgemein geschätzt, war die Zwiebel später in vornehmen

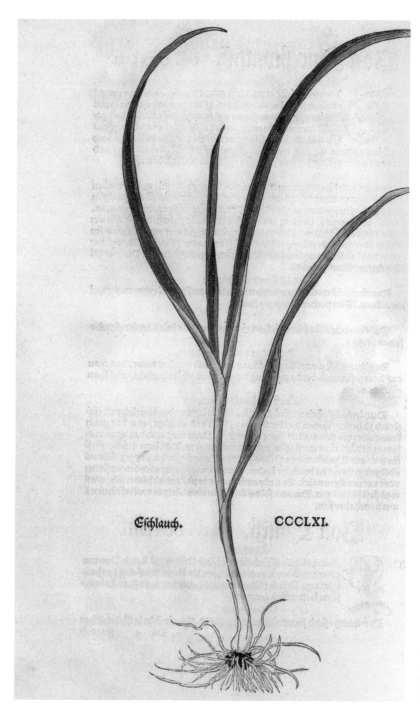

Der Lauch findet sich auch im *New Kreüterbuch* von Leonhart Fuchs.

Kreisen verpönt. Mehr oder weniger verachtete „Zwiebelesser" blieben das Volk und die Legionäre, die sie wahrscheinlich in die nördlich der Alpen gelegenen Provinzen mitbrachten. Im Mittelalter gehörte die Zwiebel hierzulande zu den wichtigen Küchen- und Heilpflanzen und wurde, wie Leonhart Fuchs 1543 in seinem *New Kreüterbuch* mitteilt, „allenthalben in gaerten gepflantzt". In unserer Umgebung traf er bereits verschiedene Sorten an: lange und runde, weiße und rote, große und kleine. Ein derartiges blühendes „Zwiebelchen" mit dem unterhalb der Mitte blasig erweiterten Stängel und der großen kugeligen Scheindolde zeigt der Holzschnitt aus seinem Werk. Mit ihren zahllosen Sorten ist die Zwiebel heute die wirtschaftlich bedeutendste Art der Gattung.

Knoblauch stammt vermutlich aus Zentralasien und gehört mit der Zwiebel zu den ältesten Nutzpflanzen. Bereits um 3000 v. Chr. erscheint er auf einer Inschrift in Mesopotamien und fand rasch weite Verbreitung. In Ägypten wurde Knoblauch schon zur Zeit des Pyramidenbaus in Giseh (2600–2480 v. Chr.) in großem Umfang angebaut, gegessen, medizinisch genutzt und den Göttern geopfert. In vielen Gräbern, so auch im Grab von Tutanchamun, wurden guterhaltene Knoblauchzwiebeln entdeckt, die sich ja von der Küchenzwiebel durch die zahlreich gebildeten Tochterzwiebeln (die „Zehen") leicht unterscheiden lassen.

In der Antike wie in der Gegenwart galt/gilt der heute fast weltweit kultivierte Knoblauch als sehr gesund und „anrüchig" zugleich. Hauptgrund für beides sind das Alliin und andere schwefelhaltige Inhaltsstoffe. Sie sind zwar weitgehend geruchlos, werden aber bei der Verarbeitung oder beim Verzehr umgewandelt und entfalten dann ihre unvergleichlichen „Düfte". Vor der Verwendung legt man daher zum Beispiel in Ungarn von alters her unverletzte Knoblauchzehen in Essig ein, wobei die Heilwirkung des Alliins voll erhalten bleibt, der typische Geruch jedoch nicht entsteht. Die Volksheilkunde nutzt die Pflanze gegen viele Erkrankungen, auch Fuchs bildet sie ab und nennt zahlreiche Anwendungen. Noch heute werden Knoblauchextrakte vielfältig eingesetzt, unter anderem zur Verdauungsförderung oder zur Vorbeugung gegen altersbedingte Gefäßveränderungen.

Nicht zuletzt wegen ihres Gehalts an Mineralstoffen, Vitaminen und Aminosäuren sind die genannten sowie weitere Lauchgewächse

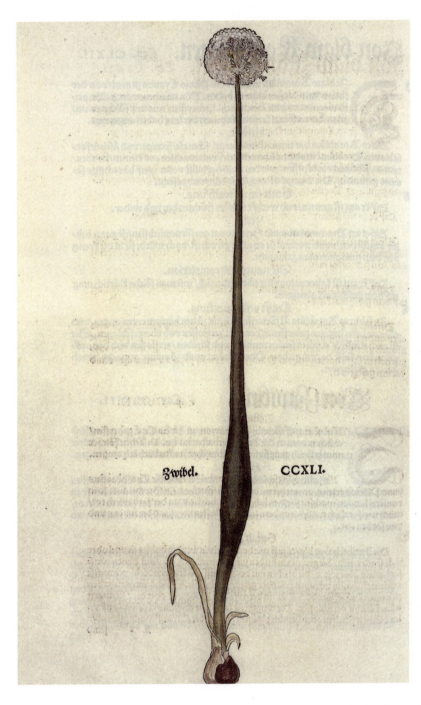

Eine blühende Zwiebel mit dem unterhalb der Mitte blasig erweiterten Stängel und der großen kugeligen Scheindolde zeigt der Holzschnitt aus dem Fuchs'schen *New Kreüterbuch*.

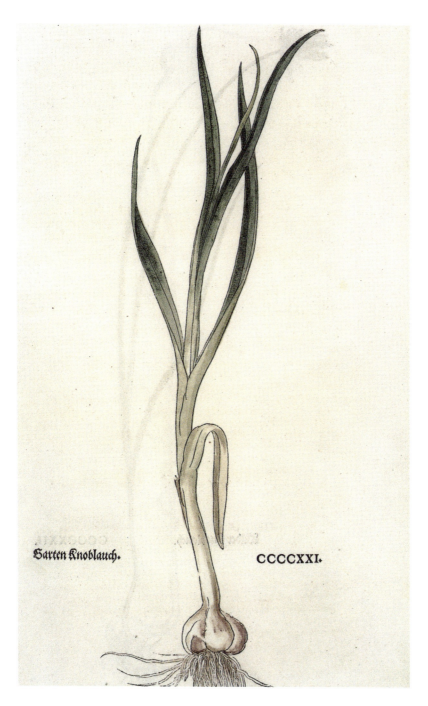

Wie der Lauch und die Zwiebel gehört der Knoblauch zu den Lauchgewächsen. Holzschnitt aus dem Fuchs'schen *New Kreüterbuch*.

(Schnittlauch, Weinberg-Lauch, Bärlauch und andere) sehr empfehlenswerte Nahrungsmittel. Dies wussten schon die alten Israeliten, als sie sich beim Auszug aus Ägypten bei Mose beschwerten (Numeri 11,5–6): „Wir denken an die Fische, die wir in Ägypten umsonst zu essen bekamen, an die Gurken und Melonen, an den Lauch, an die Zwiebeln und an den Knoblauch. Doch jetzt vertrocknet uns die Kehle, nichts bekommen wir zu sehen als immer nur Manna."

LINSE *(Lens culinaris)*, KICHERERBSE *(Cicer arietinum)* und
DICKE BOHNE, PFERDE-, SAU-
oder PUFF-BOHNE *(Vicia faba)*
Familie: Schmetterlingsblütler *(Fabaceae)*

Weltweit sind rund 10 000–12 000 *Fabaceen*-Arten aus über 400 Gattungen bekannt! In entsprechender Vielfalt begegnen sie uns als Kräuter, Stauden, Lianen, Sträucher und sogar als Bäume von den Tropen bis zu den arktischen Regionen. Zum Glück besitzen sie bis auf wenige Ausnahmen einen sehr charakteristischen Blütenaufbau, der auch dem botanisch Interessierten meist ohne größere Probleme ein Erkennen der Familie erlaubt. Nahezu immer ist die fünfzählige „Schmetterlingsblüte" zweiseitig-symmetrisch, lässt sich also durch eine senkrechte Achse in zwei gleiche Hälften teilen. Sie zeigt nach oben die meist aufgerichtete „Fahne", nach rechts und links die beiden „Flügel", die das aus zwei Kronblättern bestehende „Schiffchen" umhüllen. In ihm verborgen liegen die insgesamt zehn Staubblätter. Meist sind ihre neun unteren Staubfäden zu einer Röhre verwachsen, während das obere zehnte Staubblatt frei bleibt. Für den Blütenökologen ist dies ein untrügliches Zeichen, dass die Blüte am Grunde Nektardrüsen besitzt. Denn der rechts und links vom freien Staubfaden entstehende Spalt ermöglicht dem Insektenrüssel den Zugang zum Nektar. Sind dagegen alle zehn Staubfäden vereint, wird den Besuchern nur Blütenstaub angeboten. In jedem Fall umschließt die Staubfadenröhre den Fruchtknoten. Neben dem Griffel mit der Narbe besteht er aus einem Fruchtblatt, das zur Hülse heranwächst. Sie öffnet sich bei der Reife an einer Rücken- und Bauchnaht.

Schmetterlingsblütler sind als „Stickstoffsammler" bekannt. Sie verdanken dies einer Symbiose mit „Knöllchen-Bakterien" der Gattung *Rhizobium,* die sie in besonderen Knöllchen an den Wurzeln beherbergen. Diese Bakterien können den in der Luft vorhandenen Stickstoff binden, der sich dann in den Knöllchen anreichert. Leguminosen sind daher in der Lage, auch sehr nährstoffarme Böden zu besiedeln. Sie dienen überdies zur Bodenverbesserung bzw. untergepflügt zur „Gründüngung". Schließlich ist Stockstoff ebenfalls zum Aufbau von Eiweiß erforderlich. Nicht zuletzt aus diesem Grund sind die besonders eiweißreichen Samen vieler Schmetterlingsblütler von großer Bedeutung für die menschliche Ernährung! Neben vielen anderen (Sojabohnen, Bohnen, Erbsen, Erdnüsse etc.) gehören dazu auch die nachfolgend beschriebenen, in der Bibel genannten Pflanzen.

Linsen kultivierten bereits die frühesten Ackerbauern im Orient, in Ägypten und im östlichen Mittelmeergebiet, so etwa im „Fruchtbaren Halbmond" zwischen 7800 und 6500 v. Chr., in Griechenland (6200–5300 v. Chr.) oder in Bulgarien (um 4700 v. Chr.). In Ägypten fand man Linsen in Gräbern der prädynastischen Zeit ebenso wie im Grab Tutanchamuns. Aus Deutschland reichen Nachweise einer Kultur ins Neolithikum (Jungsteinzeit) zurück. Leonhart Fuchs bildet in seinem *New Kreüterbuch* die einjährige, bis zu 40 cm hohe Pflanze mit den paarig gefiederten, in eine Ranke auslaufenden Blättern ab.

Die bläulich-weißen, nur etwa 5–7 mm langen Blüten entfalten sich zwischen Mai und Juli. Die trapezförmigen, bis 16 mm langen Hülsen enthalten bis zu drei Samen von graubrauner bis schwärzlicher, seltener auch gelber oder roter Farbe. Mit einem Eiweißgehalt von über 23 Prozent gehören sie zu den nahrhaftesten „Körnerleguminosen" für Brei, Suppen oder Eintöpfe, zu biblischen Zeiten auch als Beimengung zum Brotgetreide (Ezechiel 4,9): „Du, nimm dir Weizen, Gerste, Bohnen, Linsen, Hirse und Dinkel; tu sie zusammen in ein Gefäß, und mach dir Brot daraus!" Weitaus bekannter ist die Geschichte von Esau, der für ein Linsengericht sein Erstgeburtsrecht an den jüngeren Zwillingsbruder Jakob verkaufte (Genesis 25,29–34): „Einst hatte Jakob ein Gericht zubereitet, als Esau erschöpft vom Feld kam. Da sagte Esau zu Jakob: Gib mir doch etwas zu essen von dem Roten [= rote Linsen], von dem Roten da, ich bin ganz erschöpft. ... Jakob gab zur Antwort: Dann verkauf mir jetzt sofort dein Erstgeburtsrecht! Schau, ich sterbe vor Hunger, sagte Esau, was soll mir da das Erstgeburtsrecht? Jakob erwiderte: Schwör mir jetzt sofort! Da schwor er ihm und verkaufte sein Erstgeburtsrecht an Jakob. Darauf gab Jakob dem Esau Brot und Linsengemüse; er aß und trank, stand auf und ging seines Weges."

Kichererbsen (abgeleitet von der wissenschaftlichen Gattungsbezeichnung *Cicer*) gehören ebenfalls zum alten Kulturpflanzenbestand der Menschheit, wie jungsteinzeitliche Funde im Vorderen Orient und

Leonhart Fuchs bildet in seinem *New Kreüterbuch* die einjährige, bis zu 40 cm hohe Linse mit den paarig gefiederten, in eine Ranke auslaufenden Blättern ab.

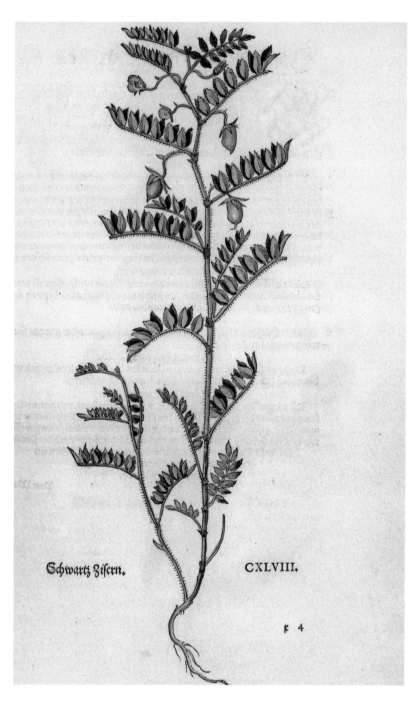

„Schwarz Zisern" (abgeleitet von der wissenschaftlichen Gattungsbezeichnung *Cicer*) heißen die Kichererbsen im Fuchs'schen *New Kreüterbuch*; sie gehören zu den ältesten Kulturpflanzen der Menschheit.

in der Türkei belegen. Vermutlich von Vorderasien aus wurden sie bald nach Indien und Pakistan sowie in den gesamten Mittelmeerraum verbreitet, wo sie schon die alten Griechen und Römer schätzten. In Deutschland kultivierte man die Art bereits im 10. Jahrhundert, und vom frühen Mittelalter an werden die Samen in nahezu allen Arzneipflanzenbüchern gegen Wassersucht, Nierensteine, Zahnweh, Fieber etc. empfohlen.

Die einjährige, bis zu 50 cm hohe Pflanze ist drüsig behaart und daher beim Anfassen klebrig. Ihre weiß oder purpurn gefärbten Blüten entwickeln aufgeblasene, drüsenhaarige Hülsen von 20–30 mm Länge. Die enthaltenen ein bis zwei wulstigen Samen – darauf nimmt der Artname Bezug – wurden mit Widderköpfen verglichen (lat. *aries* = Widder). In Indien, Vorderasien, Nordafrika und vielen Ländern Südeuropas sind die eiweiß-, mineral- und vitaminreichen Kichererbsen nach wie vor sehr beliebt, während sie bei uns – zu Unrecht – nie mit anderen Hülsenfrüchten konkurrieren konnten.

In der Bibel (Jesaja 30,24) wird die Kichererbse nur indirekt als „würziges Futter" aufgeführt, nach Zohary (1983) ein Übersetzungsfehler: „Die Rinder und Esel, die dir bei der Feldarbeit helfen, bekommen würziges Futter zu fressen, das man mit Schaufel und Gabel gemischt hat."

Dicke Bohnen, datiert auf 6500–6000 v. Chr., wurden 1985 bei Ausgrabungen in der Nähe von Nazareth ans Licht gefördert. Weitere Funde stammen unter anderem aus Griechenland (4300–2800 v. Chr.) und aus Ägypten (2480–2320 v. Chr.). Seit der Bronzezeit wurde die Art auch im nördlichen Alpenvorland (zum Beispiel am Federsee) kultiviert und breitete sich nachfolgend bis nach Südschweden aus. Im klassischen Altertum war die Dicke Bohne bei den Griechen und Römern „die Bohne" schlechthin. Reich an Eiweiß und Kohlenhydraten, zudem ertragreich und lagerfähig, war sie ein verbreitetes Nahrungsmittel, spielte aber auch als Opfergabe eine wichtige Rolle. Im mittelalterlichen Deutschland wurde die Hülsenfrucht bereits in mehreren Sorten angebaut, daneben, wie Leonhart Fuchs 1543 schreibt, „allenthalben / und allerley hin und wider in gaerten gepflantzt".

Die um 60 cm hohe Pflanze entfaltet von Mai bis Juli ihre kurzgestielten Blütentrauben mit den 20–30 mm langen Blüten. Sie sind an den schwarz-

Linse / 73

Besser als auf dem Holzschnitt aus dem Fuchs'schen *New Kreüterbuch* könnten die Dicken Bohnen nicht gezeigt werden, sogar die Bakterienknöllchen an den Wurzeln sind exakt wiedergegeben.

Fahne leicht zu erkennen. Die bis zu 12 cm Länge erreichenden Hülsen sind im Bereich der zwei bis fünf dicken und bis 35 mm langen Samen aufgewölbt, worauf die Bezeichnung Puff-Bohne (vgl. auch „Puff-Ärmel") hinweist.

Bis ins 17. Jahrhundert hinein gehörte in Deutschland die Dicke Bohne zu den Grundnahrungsmitteln, bis sie allmählich von der Garten-Bohne und der Kartoffel verdrängt und in vielen Gegenden als Pferde- oder Sau-Bohne zum Viehfutter degradiert wurde. Mittlerweile erlebt sie eine erfreuliche Renaissance und ist in der Tat für viele Gerichte (Suppen, Eintöpfe, Gemüse etc.) sehr zu empfehlen.

Auch zur Zeit der Bibel standen Dicke Bohnen auf dem Speisezettel. Sie waren unter jenen Gaben, die man König David bei den „Vorbereitungen zum Kampf" überreichte (2. Samuel 17,28–29): „Matten und Decken, irdene Gefäße, Weizen, Gerste, Mehl und geröstetes Korn, Bohnen [= Dicke Bohnen] und Linsen; außerdem brachten sie David und seinen Leuten Honig und Butter, Schafe und Käse als Nahrung. Denn sie sagten: Das Volk in der Steppe ist hungrig, durstig und erschöpft."

Linsen

MANDELBAUM *(Prunus dulcis)*
Familie: Rosengewächse *(Rosaceae)*

Das ursprüngliche Verbreitungsgebiet des Mandelbaums erstreckt sich von Armenien bis Mittelasien, wo man heute noch Wildformen antrifft. Schon früh wurde er im gesamten Mittelmeergebiet in Kultur genommen, wie unter anderem Funde von Mandeln im Grab Tutanchamuns (etwa 1300 v. Chr.) belegen. Bereits 1000 v. Chr. war der Baum sogar in China bekannt. Etwa 500 Jahre später gelangte die Art nach Syrien, Kleinasien, Vorderindien und Griechenland. Heute wird sie in vielen wärmeren Gebieten der Erde angepflanzt, auch bei uns, wie zum Beispiel am Kaiserstuhl, an der Bergstraße oder als Ziergehölz in manchen Vorgärten.

Da der Strauch oder bis 10 m hohe Baum seine zahllosen weißen bis rosafarbenen Blüten bereits im März/April (manchmal schon im Februar) entfaltet, ist er sehr frostgefährdet. Erst später erscheinen die länglich-lanzettförmigen und gesägten Blätter. Das Fleisch der 3–6 cm langen filzigen Früchte trocknet bei der Reife aus und öffnet sich unregelmäßig oder mit einem Längsriss, sodass der grubige Steinkern herausfallen kann. In ihm ist der begehrte, von einer dünnen braunen Samenschale umhüllte Samen eingeschlossen. Nach dem Geschmack der Samen werden zwei Varietäten unterschieden, die Süße Mandel (var. *dulcis*) und die Bitter-Mandel (var. *amara*). Während Erstere von großer wirtschaftlicher Bedeutung ist und allgemein im Haushalt, in der Backwarenindustrie oder zur Herstellung von Marzipan und Mandelöl verwendet wird, lässt man von der Bitter-Mandel besser die Hände. Sie enthält bis zu acht Prozent Amygdalin, ein bitter schmeckendes Blausäureglykosid, aus dem beim Verzehr die höchst giftige Blausäure entsteht. Bei Kindern können daher bereits wenige Mandeln tödlich wirken! Auch unter süßen Mandeln findet sich manchmal eine bittere – also Vorsicht! Nur süße „Mandelkerne" liefert die besonders auf dem Balkan und in Kleinasien kultivierte Krachmandel (var. *fragilis*). Die Schale ihres Steinkerns ist sehr dünn und kann mit den Fingern geknackt werden. Eine bekannte und für wärmere Gegenden in Deutschland geeignete Sorte ist die Dürkheimer Krachmandel.

Mandeln gehörten zu den Geschenken, die Josefs Brüder nach Ägypten mitnahmen (Genesis 43,11), und wie Mandelblüten geformt waren die Kelche des goldenen Leuchters in der Stiftshütte (Exodus 25,31–36; 37,17–22). Die wohl bekannteste Bibelstelle, in der dem Mandelbaum eine wichtige Rolle zukommt, ist die Auserwählung Aarons (Numeri 17,16–20,23): „Dann sprach der Herr zu Mose: Rede zu den Israeliten, und laß dir jeweils von einer Großfamilie einen Stab geben, und zwar von der Großfamilie des Stammesführers, im ganzen also zwölf Stäbe, und schreibe ihre Namen darauf! Auf den Stab Levis schreib den Namen Aaron; denn auf jede Großfamilie eines Stammesführers kommt ein Stab. Dann leg die Stäbe in das Offenbarungszelt vor die Bundesurkunde, dort, wo ich euch begegne. Dann wird der Stab dessen, den ich erwähle, Blätter bekommen. So will ich vor mir das Murren zum Schweigen bringen, mit dem sie euch belästigen. ... Als Mose am nächsten Tag zum Zelt der Bundesurkunde kam, da war der Stab Aarons, der das Haus Levi vertrat, grün geworden; er trieb Zweige, blühte und trug Mandeln."

ÖLBAUM *(Olea europaea)*
Familie: Ölbaumgewächse *(Oleaceae)*

Der Esche begegnen wir im Wald, viele Gärten sind von einer Ligusterhecke umgrenzt und in ihnen erfreuen uns Flieder, Forsythie und Winterjasmin durch ihre Blütenpracht. Alle diese Pflanzen gehören zur selben Familie wie der Ölbaum, der manchem eher an Gaumenfreuden als an der Botanik interessierten Menschen vorwiegend als Olive oder in Form von Olivenöl bekannt ist. Man muss schon ziemlich weit in den Süden reisen, um dieser wichtigen Nutzpflanze zu begegnen, die seit vielen Jahrtausenden im gesamten Mittelmeergebiet und in Vorderasien kultiviert wird: Reste von Ölbäumen in Palästina stammen aus der Zeit um 4000 v. Chr., auf 5000 Jahre alten Vasenfunden von Kreta sind Olivenzweige abgebildet, ägyptische Papyrustexte aus dem 3. Jahrtausend v. Chr. erwähnen den Baum und Girlanden von seinen Blättern fand man im Grab Tutanchamuns. In Griechenland war die Olivenkultur bereits in vorhomerischer Zeit allgemein verbreitet, Kränze aus Ölbaumzweigen krönten die Sieger in Olympia oder zeigten in Attika die Geburt eines Kindes an.

Die immergrünen Ölbäume können eine Höhe von 10 bis maximal 20 m und ein sehr hohes Lebensalter erreichen. Tausendjährige Pflanzen sind nicht selten und der Überlieferung nach sollen einige Exemplare im Garten Gethsemane am Ölberg schon zur Zeit Christi gestanden haben. Derartige „Methusalems" sind an ihren dicken, knorrigen und oft hohlen oder in mehrere Teile zergliederten Stämmen zu erkennen. Höchsterträge mit 60–70 kg liefern sie zwischen dem 60. und 100. Lebensjahr, doch noch mit 700–800 Jahren lohnt sich die Ernte. Auswüchse am Wurzelhals der Stämme werden seit alter Zeit zur vegetativen Vermehrung oder zur Gewinnung von Pfropfreisern verwendet. Die gegenständigen, lanzettlichen Blätter sind oberseits dunkelgrün, unterseits silbrig-weiß und erinnern an die unserer Silberweide. In ihren Achseln entstehen die Blütenstände, an denen sich im Mai und Juni die kleinen weißen Blüten mit vier Kron- und zwei Staubblättern entfalten. Die Steinfrüchte, die bekannten Oliven, reifen nur langsam und sind anfangs grün, dann rötlich und schließlich schwarzgrün bis schwarz. Je nach der Sorte sind sie pflaumenähnlich oder rundlich und zwischen 2–4 cm lang. Das äußerst ölreiche Fruchtfleisch umschließt den sehr harten, ebenfalls ölhaltigen Steinkern.

Die Erntezeit der Oliven ist sortenabhängig und regional unterschiedlich. Sie liegt meist zwischen September und Dezember, kann aber bis in den April dauern. Auch die Ernteverfahren weichen voneinander ab. Zur Herstellung eines besonders feinen Öls werden die Früchte sorgfältig von Hand gepflückt, getrocknet, entsteint und erst dann gepresst. Ein ausgezeichnetes Speiseöl, das sogenannte Jungfernöl, erhält man auch nach Zermahlen der Oliven samt den Kernen auf dem Wege einer ersten kalten Pressung und nachfolgender Klärung. Viel geringeren Wert hat das Öl einer zweiten warmen Pressung, während das Ergebnis einer dritten heißen Pressung nur noch als Schmier-, Brenn- oder Seifenöl verwendbar ist. Auch die Verarbeitung abgefallener, geschüttelter, mit Rechen abgestreifter oder mit Stöcken heruntergeschlagener Früchte ergibt weniger wertvolle Öle. Moderne Zentrifugen-Anlagen liefern eine um ein Drittel erhöhte Ausbeute, über deren Qualität sich allerdings trefflich streiten lässt. Spanien, Italien und Griechenland gehören heute zu den größten Öl-Exporteuren.

Ein nicht geringer Anteil der handgepflückten Früchte, meist von größeren und fleischigeren Sorten, wird zu Speiseoliven verarbeitet. Praktisch die gesamte Oliven-Vielfalt der Mittelmeerländer ist bei uns zu haben: Saftige und schrumpelige von Grün über Violett bis Schwarz, mit Stein oder gefüllt mit Mandeln und Paprika, eingelegt in Salzlake, in Öl, in Essigmischungen oder mariniert und aromatisiert mit den verschiedensten Kräutern und Knoblauch – für jeden Geschmack ist garantiert etwas dabei.

In biblischen Zeiten waren solche „Oliven-Genüsse" noch unbekannt, dafür war das Öl im täglichen wie im religiösen Leben buchstäblich unersetzlich. Man schüttelte (Deuteronomium 24,20) oder schlug (Jesaja 17,6; 24,13) die Früchte von den Bäumen, in Mörsern wurden sie zerstoßen (Exodus 27,20), anschließend in einer Kelter wie Weintrauben getreten (Micha 6,15) oder gepresst (1. Könige 5,25). Das so gewonnene Öl diente in der Küche zum Backen und Braten (1. Könige 17,12), als Brennstoff für die Lampen zu Hause und im Tempel (Exodus 25,6), zur

Hautpflege und als Schönheitsmittel (Psalm 104,15), als Medizin (Jesaja 1,6), zur Reinigung von Aussätzigen (Leviticus 14,15–18), bei Opferungen (Leviticus 14,10.12) und zur Salbung von Toten (Markus 16,1), Priestern (Exodus 29,7) und Königen (1. Samuel 10,1). Noch heute empfängt der Sterbende die letzte Ölung.

Die große Bedeutung des Ölbaums noch vor der Feige und dem Weinstock spiegelt sich in der Fabel von der Königswahl der Bäume wider, denn ihm als Erstem wollten die anderen die Königswürde antragen (Richter 9,8–9): „Einst machten sich die Bäume auf, um sich einen König zu salben, und sie sagten zum Ölbaum: Sei du unser König! Der Ölbaum sagte zu ihnen: Soll ich mein Fett aufgeben, mit dem man Götter und Menschen ehrt, und hingehen, um über den anderen Bäumen zu schwanken?"

Seit dem Altertum gilt ein Ölbaumzweig als Symbol für Frieden, Freundschaft und Hoffnung. Es gibt wohl keinen beeindruckenderen Beleg dafür, als den in der Geschichte der Sintflut (Genesis 8,5–12). Lange hatte Noah in seiner Arche gewartet, bevor er die erste Taube ausfliegen ließ: „Die Taube fand keinen Halt für ihre Füße und kehrte zu ihm in die Arche zurück, weil über der ganzen Erde noch Wasser stand. Er streckte seine Hand aus und nahm die Taube wieder zu sich in die Arche. Dann wartete er noch weitere sieben Tage und ließ wieder die Taube aus der Arche. Gegen Abend kam die Taube zu ihm zurück, und siehe da: In ihrem Schnabel hatte sie einen frischen Olivenzweig. Jetzt wußte Noah, daß nur noch wenig Wasser auf der Erde stand. Er wartete weitere sieben Tage und ließ die Taube noch einmal hinaus. Nun kehrte sie nicht mehr zu ihm zurück."

SCHWARZER MAULBEERBAUM *(Morus nigra)*
Familie: Maulbeergewächse *(Moraceae)*

Aus dem Iran und der Gegend um das Kaspische Meer gelangte die mit dem Feigenbaum verwandte Art schon vor langer Zeit ins Mittelmeergebiet und seine angrenzenden Länder. Griechische Dichter besangen den Maulbeerbaum (wobei gelegentliche Verwechslungen mit der Eselsfeige oder Sykomore sowie mit der Brombeere nicht auszuschließen sind), in ihrer Mythologie war er dem Hirten- und Waldgott Pan geweiht und galt als Symbol der Klugheit. Der römische Naturgeschichtler Plinius bezeichnete ihn sogar als *sapientissima arborum,* den „Weisesten der Bäume", da er in der Regel seine Blattknospen erst entfaltet, wenn keine Fröste mehr zu erwarten sind. Die Römer brachten ihn wegen seiner wohlschmeckenden „Früchte" über die Alpen auch nach Germanien, doch ist er bei uns immer seltener anzutreffen, selbst in den Weinbaugebieten. Im Rheingau, in Rheinhessen und Baden soll es aber noch größere Bestände geben.

Die Art ist recht gut an ihren wechselständigen, derben und dunkelgrünen Blättern zu erkennen, die 6–15 cm lang werden. Sie haben eine meist herzförmige und ungeteilte, seltener auch unregelmäßig gelappte Spreite mit grob gesägtem Rand. Im Mai oder Juni entwickeln sich die kleinen einhäusigen, jeweils von vier grünlichen, behaarten Hüllblättern umgebenen Blüten. Die männlichen besitzen vier Staubblätter, die weiblichen zwei große weißliche, den Fruchtknoten überragende Narben. Nach dem Geschlecht getrennt, bilden sie kätzchenförmige Blütenstände, von denen die männlichen bis zu 25 mm lang werden, während die weiblichen zunächst nur etwa halb so groß sind. Nach der Bestäubung wachsen sie bis zur Reife im August zu den süßen und purpurn bis schwärzlich-violett gefärbten Maulbeeren heran, die an dicke, längliche Brombeeren erinnern. Trotz dieser Ähnlichkeit handelt es sich jedoch um unterschiedliche Fruchtformen! Während die Brombeere aus einer einzelnen Blüte hervorgeht und eine Sammelfrucht darstellt, ist die Maulbeere ein Fruchtstand, bei dem viele befruchtete Einzelblüten eines ganzen Blütenstandes zur Reife gelangen. Aus jedem Fruchtknoten entsteht dabei eine kleine einsamige Nussfrucht, die von den fleischigsaftig gewordenen Blütenhüllblättern umschlossen wird. Sie bilden den essbaren Hauptanteil des bis zu 25 mm langen Fruchtstandes.

Früher war der Schwarze Maulbeerbaum als Obstlieferant sehr geschätzt, während er heute nur noch geringe wirtschaftliche Bedeutung besitzt, zumal seine weichen Fruchtstände leicht verderblich und kaum transportfähig sind. In manchen Ländern werden sie daher getrocknet und wie Rosinen verwendet. Schon die Mönche des Mittelalters nutzten den hohen Zucker- und Fruchtsäuregehalt der Maulbeeren zur Herstellung von Saft, Wein, Sirup oder Marmelade. Seit Langem dient ihr intensiver Farbstoff auch zum Färben („Schönen") von Wein. Zu biblischen Zeiten wurde er sogar für militärische Zwecke verwendet (1. Makkabäer 6,34): „Den Elefanten hielt man den Saft von Trauben und Maulbeeren vor, um sie zum Kampf zu reizen." Vermutlich war es kein „frischer", sondern ein vergorener Saft, der die Tiere in Unruhe versetzte. Hinzu kam fraglos die psychologische Wirkung auf den Gegner, der durch die blutrot gefärbten Rüssel und Stoßzähne der Kampfelefanten in Angst und Schrecken versetzt wurde.

Doch vom Krieg zum Frieden und zum Glauben (Lukas 17,5–6): „Die Apostel baten den Herrn: Stärke unseren Glauben! Der Herr erwiderte: Wenn euer Glaube auch nur so groß wäre wie ein Senfkorn, würdet ihr zu dem Maulbeerbaum hier sagen: Heb dich samt deinen Wurzeln aus dem Boden, und verpflanz dich ins Meer!, und er würde euch gehorchen."

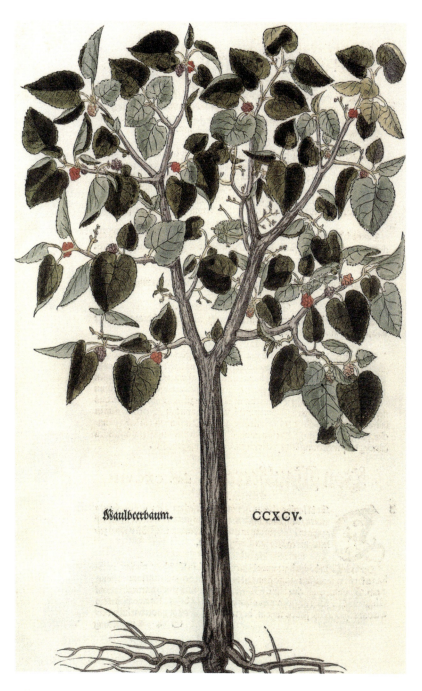

Im *New Kreüterbuch* widmet Leonhart Fuchs dem Schwarzen Maulbeerbaum ein eigenes Kapitel. Unter anderem empfiehlt er dort den Fruchtsaft zur Heilung von Mandelentzündungen und einen Tee aus der Wurzelrinde als Mittel gegen Bandwürmer.

SCHWARZER SENF *(Brassica nigra),*
SENF- oder ÖL-RAUKE *(Eruca sativa)*
Familie: Kreuzblütler *(Brassicaceae)*

Die Familie umfasst nahezu 400 Gattungen mit weltweit rund 3500 Arten. Besonders besiedelt werden die gemäßigten Gebiete der nördlichen Halbkugel, speziell der Mittelmeerraum einschließlich Nordafrika und Innerasien. Dabei zeigt sich eine große Anpassungsfähigkeit sowohl an sehr trockene Standorte als auch an solche mit besonders niedrigen Temperaturen. Kreuzblütler begegnen uns einerseits als Wildkräuter und Schuttpflanzen, andererseits finden wir unter ihnen zahlreiche Nutzpflanzen, die für den Menschen als Gemüse-, Würz- oder Arzneipflanzen von großer Bedeutung sind, wie zum Beispiel Kohl mit seinen vielen Sorten, Rettich, Meerrettich, Weißer Senf, Raps oder Gartenkresse. Auch als Futter-, Öl-, Farb- und Zierpflanzen werden sie vielfach genutzt.

Schwarzer Senf: Er besitzt fiederlappige Blätter (a) sowie die familientypischen „Kreuzblüten" (b), der Fruchtknoten wächst zur länglichen Schote (c) heran, deren Samen als Gewürz genutzt werden.

Schwarzer Senf ist heute vor allem in Europa und in Kleinasien weitverbreitet und eingebürgert. Auch nach Amerika, Ostasien, Australien und Neuseeland wurde die Art gebracht, deren urspüngliche Heimat nicht sicher bekannt ist. Hierzulande wird der ansonsten weltweit kultivierte,

Die erste Abbildung der Senf- oder Öl-Rauke in einem wissenschaftlichen Werk verdanken wir Leonhart Fuchs, der sie in seinen beiden in Tübingen vollendeten Arzneipflanzenbüchern (1542 und 1543) behandelt.

bis 150 cm hohe Schwarze Senf nicht mehr angebaut, verwilderte Bestände trifft man aber häufig unter anderem an Uferböschungen, auf Erdaushub, Schuttplätzen oder Bahnhofsgeländen. Er besitzt fiederlappige Blätter (a) mit großem Endabschnitt sowie die familientypischen „Kreuzblüten" (b), bestehend aus je vier Kelch- und Kronblättern, zwei kürzeren und vier längeren Staubblättern und dem oberständigen Fruchtknoten. Er wächst zur bis zu 22 mm langen Schote (c) heran, deren 8–16 Samen etwa 11 Jahre lang keimfähig bleiben können.

Die Samen stehen im Mittelpunkt der wirtschaftlichen Nutzung als Gewürz. Sie werden ganz oder geschält gemahlen und unter Zusatz von Wasser, Essig, Zucker und verschiedenen Gewürzen zu Senf bzw. Mostrich verarbeitet. Daneben dienen sie in der Medizin als wirksame Hautreiz- und Rheumamittel.

Schon sehr früh wurde der Schwarze Senf im gesamten Mittelmeerraum kultiviert. Er gilt daher bei vielen Autoren als jene Pflanze, die Jesus im bekannten „Gleichnis vom Senfkorn" meint (Markus 4,30–32): „… Womit sollen wir das Reich Gottes vergleichen, mit welchem Gleichnis sollen wir es beschreiben? Es gleicht einem Senfkorn. Dieses ist das kleinste von allen Samenkörnern, die man in die Erde sät. Ist es aber gesät, dann geht es auf und wird größer als alle anderen Gewächse und treibt große Zweige, so daß in seinem Schatten die Vögel des Himmels nisten können." Auch Lukas 17,6 verwendet das Gleichnis als Glaubenssymbol: „Wenn euer Glaube aber auch nur so groß wäre wie ein Senfkorn, würdet ihr zu dem Maulbeerbaum hier sagen: Heb dich samt deinen Wurzeln aus dem Boden, und verpflanz dich ins Meer!, und er würde euch gehorchen."

Dass die botanische Zuordnung zum Schwarzen Senf keineswegs eindeutig ist, haben zum Beispiel Moldenke & Moldenke (1952) sowie Hepper (1992) dargelegt. Die Senf- oder Öl-Rauke wird ebenfalls seit uralten Zeiten im Mittelmeergebiet als Öl-, Senf-, Salat- und Gemüsepflanze kultiviert. Nach Zohary (1983) könnte es sich bei den Pflanzen, die in der vorliegenden Einheitsübersetzung als „Malven", in anderen einfach als „Kräuter" bezeichnet werden, um Senf-Rauken gehandelt haben. 2. Könige 4,39: „Einer von ihnen ging auf das Feld hinaus, um Malven zu holen." Was an dieser Stelle sonst noch geschah, ist im Kapitel über den Flaschenkürbis, die Melone und die Wassermelone nachzulesen.

WALNUSSBAUM *(Juglans regia)*
Familie: Walnussgewächse *(Juglandaceae)*

Wie bei zahlreichen anderen Kulturpflanzen ist es auch beim Walnussbaum nicht leicht, das ursprüngliche Verbreitungsgebiet einwandfrei festzustellen. Sehr wahrscheinlich erstreckte es sich von den Schluchtwäldern der Balkanhalbinsel über Kleinasien, Iran, Turkmenien und den Himalaja bis nach China. Schon bei den Griechen stand der reichfruchtende Walnussbaum in hohem Ansehen und war dem Zeus geweiht. Wenn die Braut das Hochzeitsgemach betrat, streute man seine Nüsse unter die Gäste, damit der Gott den Neuvermählten Fruchtbarkeit schenken möge. Auch die Römer schrieben dem Baum diese Symbolkraft zu. Nach ihrer Vorstellung war er dem Jupiter (bei den Römern heißt er Jovis) heilig. Daran erinnert der Gattungsname *Juglans*, der sich aus *Jovis glans* (= Jupiters Eichel) zusammensetzt.

Schon frühzeitig wurde die wärmeliebende Art in weiten Teilen Europas angebaut, vor allem wegen ihrer wohlschmeckenden Samen. Sie bestehen aus zwei großen gelappten Keimblättern, die die winzige, nur 2–3 mm lange Achse des Keimlings einschließen. Neben Vitaminen enthalten sie bis zu 63 Prozent fettes Öl, das zu Speisezwecken sowie zur Herstellung von Ölfarben, Brennöl und Firnissen dient. Allerdings muss dazu der schützende Steinkern erst geknackt werden. Er stellt die innere Fruchtwand dar und besitzt zum Austritt des Keimlings eine vorgebildete Trennungsnaht. Im unreifen Zustand sind diese harten Schalen noch von einer grünen, faserig-fleischigen Außenhülle umgeben, deren Extrakte zum Färben von Stoffen, Holz und Ostereiern, aber auch für bräunende Hautöle verwendet werden. Wer schon einmal grüne Walnüsse geschält hat, kennt die kaum zu entfernende Schwarzfärbung der Finger. Junge Früchte mit noch weicher Steinschale lassen sich kandieren oder zu leckeren Likören verarbeiten. Die unpaarig gefiederten Blätter erreichen eine Länge von 20–50 cm und entfalten beim Zerreiben einen aromatischen Duft. Durch ihren Gerbstoffgehalt liefern sie reinigende und heilkräftige Tees und wurden bereits von dem griechischen Arzt Galen (1. Jahrhundert n. Chr.) angewendet.

Leonhart Fuchs empfiehlt die im *New Kreüterbuch* von 1543 abgebildete Walnuss alias „Welschnuß" („Welsch" = „aus dem südlichen Ausland stammend") gegen vielerlei Krankheiten.

Blühmonate sind April oder Mai, sodass Spätfrostgefahr besteht. Die männlichen, zu hängenden Kätzchen vereinten Blüten verstäuben dann reichlich Pollen, die vom Wind auf die Narben der kleinen weiblichen Blüten übertragen werden. Die im September/Oktober reifen Früchte sind – botanisch gesehen – keine Nüsse, sondern Steinfrüchte, da nur die innere Schicht der Fruchtwand verholzt. Ihre Verbreitung erfolgt durch verschiedene Säugetiere (Eichhörnchen, Siebenschläfer, Mäuse) und Vögel (Eichelhäher, Krähen).

Walnussbäume werden 10–25 m hoch und bis über 600 Jahre alt. An klimatisch günstigen und frostgeschützten Standorten bringen sie bis zu einem Alter von 80–100 Jahren gute Erträge. Das harte, ziemlich feinfaserige und sehr dauerhafte Holz ist in der Möbelschreinerei geschätzt und wird als das wertvollste unserer einheimischen Hölzer angesehen. Seit alters her dient es auch als Schaftholz für Armbrüste und Gewehre.

Dass der Walnussbaum schon zu biblischen Zeiten in Palästina kultiviert wurde, steht außer Zweifel. Umso mehr verwundert es, dass das wichtige Nutzgehölz nur ein einziges Mal in der Heiligen Schrift genannt wird, und zwar im Hohelied (6,11): „In den Nußgarten stieg ich hinab, um nach dem Sprossen der Palme zu sehen, um zu sehen, ob der Weinstock treibt, die Granatbäume blühen."

WEINSTOCK *(Vitis vinifera)*
Familie: Weinrebengewächse *(Vitaceae)*

Viel ist schon über die Herkunft des Weinstocks und somit auch der Kulturreben geschrieben und gestritten worden, und noch heute gibt es dazu unterschiedliche Ansichten. Einiges spricht dafür, dass zwei Unterarten (Subspezies) als „Stammeltern" der Kulturformen in Betracht kommen: Die Wilde Weinrebe (subsp. *sylvestris*) und die Kaukasus-Weinrebe (subsp. *caucasica*). Erstere ist über Mittel- und Südeuropa, das westliche Kleinasien, Palästina und Nordwestafrika verbreitet. Die Kaukasus-Weinrebe erstreckt sich von der Ukraine über Kleinasien, den Kaukasus, Iran und Turkestan bis nach Kaschmir. Manche Autoren vermuten, dass sie bei der Entstehung der Kulturreben eine größere Rolle spielte als die Wilde Weinrebe, andere vertreten eher die umgekehrte Meinung. Wie dem auch sei: Gegenwärtig sind weltweit wohl über 5000 Kultursorten bekannt, die alle in einer eigenen Unterart (susp. *vinifera*) vereint werden. Schon der weinkundige römische Dichter Vergil (70–19 v. Chr.) befindet, die Rebsorten seien „zahllos wie der Sand in der Wüste".

Dass die fleischigen Beeren der Wildreben vom Menschen schon seit undenklichen Zeiten gesammelt und gegessen wurden, wird niemand bezweifeln. Auch der Weinanbau reicht weit in die Vergangenheit zurück, wie Tempelreliefs in Ur (einer alten Stadt am Euphrat im heutigen Irak) aus der Zeit um 4000 v. Chr. oder Wandmalereien in Ägypten (um 3500 v. Chr.) belegen.

Bildliche Darstellungen des Weins finden sich auf Baudenkmälern der Babylonier und der Hethiter. Die Kundschafter, die Mose (Numeri 13,23) in das Land Kanaan schickte, trafen im „Traubental" offenbar auf einen bereits hoch entwickelten Weinanbau: „Dort schnitten sie eine Rebe mit einer Weintraube ab und trugen sie zu zweit auf einer Stange, dazu auch einige Granatäpfel und Feigen." Der Überlieferung nach war Noah der Erste, der einen Weinberg anlegte. Dass er sich dann gleich darauf am köstlichen Rebensaft berauschte, führte zu großem Ärger, aber langfristig wohl auch zu guter Gesundheit, denn er erreichte das gesegnete Alter von 950 Jahren (Genesis 9,20–29). Ebenfalls in Griechenland breitete sich die Weinkultur rasch aus und zu Ehren von Dionysos, dem Gott des Weins, des Rausches und der Fruchtbarkeit, wurde manches Fest gefeiert. Nach Homer segelten täglich mit Wein beladene Schiffe nach Troja, und dort erhielt Odysseus den Wein, mit dem er den Zyklopen Polyphem trunken machte.

In der Römerzeit gelangte der Weinbau nach Frankreich, England und Deutschland, wo schon Karl der Große Musterbetriebe anlegen ließ. In seiner Landgüterordnung (*Capitulare de villis*) von 812 wird ausdrücklich angeordnet, „dass sich keiner unterstehe, unsere Traubenernten mit den Füßen auszustampfen, sondern dass alles reinlich und ehrbar geschehe".

Sprüche über die Qualität des Weins der einzelnen Regionen gibt es zuhauf. Von Bayern etwa heißt es: „O glückliches Land, wo der Essig, welcher anderswo mit großer Mühe bereitet werden muss, von selbst gedeiht." Ähnliches vermeldet Luther vom Saalewein: „Jena, wo der Essig wächst." Dennoch sprachen weltliche wie geistliche Herren dem Rebensaft kräftig zu. Beim Kurfürsten Christian II. in Sachsen wurde einmal sieben Stunden lang aus ungeheuren Humpen um die Wette getrunken, wobei der Fürst Sieger blieb. Er war es auch, der sich 1610 nach einem Besuch bei Kaiser Rudolf II. in Prag mit den Worten bedankte: „Kaiserliche Majestät haben mich gar trefflich gehalten, dass ich keine Stunde nüchtern war."

Sehr ungewöhnlich und eine genauere Betrachtung wert ist die Öffnung der Blüten: Die noch geschlossene Blütenknospe (a) zeigt oberhalb des kleinen Kelchsaums (Ke) die haubenartig verwachsenen Kronblätter (Kr). Sie entfalten sich bei der Reife jedoch nicht an der Spitze, wie es sonst der „Normalfall" ist. Vielmehr wird an ihrer Basis ein ringförmiges Trennungsgewebe (Tr) ausgebildet, sodass sich die gesamte Krone ablöst (b) und durch die Streckung der Staubblätter als zusammenbleibende Haube angehoben wird (c). Mit zunehmender Staubfadenlänge werden dann die winzigen Nektardrüsen (Ne) und der Fruchtknoten (Fr) sichtbar. Erst nach dem Abfallen der Krone (d) können sich die Staubblätter voll ausbreiten (e).

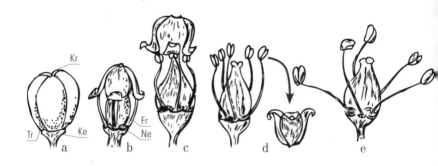

Weinstock: Die Blütenknospe (a) zeigt oberhalb des Kelchsaums (Ke) die Kronblätter (Kr). Sie bilden ein Trennungsgewebe (Tr) aus, sodass die Krone (b) durch die Streckung der Staubblätter wegkatapultiert wird (c). Mit zunehmender Staubfadenlänge werden dann die winzigen Nektardrüsen (Ne) und der Fruchtknoten (Fr) sichtbar. Nach dem Abfallen der Krone (d) können sich die Staubblätter voll ausbreiten (e).

Die Bestäubung der Blüten erfolgt überwiegend durch Insekten, die von ihrem Nektar und dem wunderbaren Duft angelockt werden. In manchen Weinbaugegenden erfreut daher auch eine Traubenblüten-Bowle des Winzers Herz.

An zahllosen Stellen im Alten wie im Neuen Testament wird Bezug auf den Weinstock genommen. Seit biblischen Zeiten haben Weinrebe und Wein ihre wirtschaftliche und vor allem auch ihre kultische Bedeutung bis heute bewahrt (Abendmahl). Nichts an Aktualität verloren haben ebenfalls die überlieferten Zeilen des Propheten Jesaja (5,1–2, 7–9): „Mein Freund hatte einen Weinberg auf einer fruchtbaren Höhe. Er grub ihn um und entfernte die Steine und bepflanzte ihn mit den edelsten Reben. Er baute mitten darin einen Turm und hieb eine Kelter darin aus. Dann hoffte er, daß der Weinberg süße Trauben brächte, doch er brachte nur saure Beeren." ... „Ja, der Weinberg des Herrn der Heere ist das Haus Israel, und die Männer von Juda sind die Reben, die er zu seiner Freude gepflanzt hat. Er hoffte auf Rechtsspruch – doch siehe da: Rechtsbruch, und auf Gerechtigkeit – doch siehe da: Der Rechtlose schreit. Weh euch, die ihr Haus an Haus reiht und Feld an Feld fügt, bis kein Platz mehr da ist und ihr allein im Land ansässig seid. Meine Ohren hören das Wort des Herrn der Heere: Wahrhaftig, alle eure Häuser sollen veröden. So groß und schön sie auch sind: Sie sollen unbewohnt sein."

Diese schöne „Weinreb" findet sich im *New Kreüterbuch* von Leonhart Fuchs.

Zu den bekanntesten Bibelstellen gehören ohne Zweifel die Worte Jesu (Johannes 15, 1–5): „Ich bin der wahre Weinstock, und mein Vater ist der Winzer. Jede Rebe an mir, die keine Frucht bringt, schneidet er ab, und jede Rebe, die Frucht bringt, reinigt er, damit sie mehr Frucht bringt. Ihr seid schon rein durch das Wort, das ich zu euch gesagt habe. Bleibt in mir, dann bleibe ich in euch. Wie die Rebe aus sich keine Frucht bringen kann, sondern nur, wenn sie am Weinstock bleibt, so könnt auch ihr keine Frucht bringen, wenn ihr nicht in mir bleibt. Ich bin der Weinstock, ihr seid die Reben. Wer in mir bleibt und in wem ich bleibe, der bringt reiche Frucht; denn getrennt von mir könnt ihr nichts vollbringen."

ZIMTBAUM, CEYLON-ZIMTBAUM *(Cinnamomum zeylanicum)*
Familie: Lorbeergewächse *(Lauraceae)*

Der Zimtbaum ist auf Sri Lanka sowie in Südwest-Indien beheimatet und wird heute in vielen Ländern kultiviert. Von ihm stammt der feinste und beste Zimt, der aus unserem Leben kaum wegzudenken ist, um den es in der Vergangenheit aber auch zu blutigen Ereignissen kam. Auf der Suche nach dem Gehölz, dessen Herkunft die arabischen Seefahrer und Händler lange streng geheim halten konnten, landeten 1505 die Portugiesen auf der malerischen Insel. „Herren des Zimts" blieben sie allerdings nur bis 1638, als sie von den Holländern vertrieben wurden, die damit zum führenden Zimtproduzenten der Welt aufstiegen. 1767 hatte ein niederländischer Siedler namens Koke die Idee, Zimtbäume in Pflanzungen zu ziehen; zuvor waren einfach die wildwachsenden Exemplare genutzt worden. Bald schon sah man auf Ceylon ausgedehnte „Zimtbaumgärten", sodass die Holländer die steigende Nachfrage jederzeit decken konnten. Ihre Maßnahmen zum Schutz der Plantagen waren drakonisch. Wer auch nur einen Zweig des Gewürzbaumes an Ausländer verkaufte oder verschenkte, wurde mit dem Tod bestraft. Als die Engländer 1796 die Insel mit Waffengewalt eroberten, war es mit den riesigen Gewinnen vorbei.

Zimtbaum: Der Zimtbaum hat immergrüne Blätter (a). Die Staubbeutel der kleinen, übel riechenden Blüten (b) öffnen sich in ähnlicher Weise wie beim Lorbeer. Als Gewürz wird die Rinde genutzt.

Im plantagemäßigen Anbau erfolgt die Vermehrung meist durch Stecklinge. Im zweiten oder dritten Jahr werden die Stämme bis auf wenige Zentimeter über dem Boden zurückgeschnitten. Fünf bis sechs Triebe dürfen dann hochwachsen und werden durch Beschneidung gerade gezogen. Der in der Natur bis zu 10 m hohe Zimtbaum besitzt immergrüne, gegenständige und von 3–5 Hauptnerven durchzogene Blätter (a). Die Staubbeutel der kleinen, ziemlich übel riechenden Blüten (b) öffnen sich in ähnlicher Weise wie beim Lorbeer (siehe dort), allerdings mit jeweils vier Klappen. Die Pflanze enthält zwar in allen Teilen ätherische Öle, doch wird als Gewürz im Wesentlichen die Rinde genutzt. Zur Ernte werden die etwa 3 m langen und 15–25 mm dicken Triebe geschnitten, von denen man die Rinde ablöst. Nach Abschaben der dünnen äußeren Rinde zerschneidet man sie in etwa 30 cm lange Stücke, die im Schatten in Kokosmatten zur Fermentierung eingeschlagen werden. Zusammengesteckt und getrocknet gelangen sie in den Handel.

Als Gewürz für Kuchen, Süßigkeiten und Tee, aber auch als Räucherwerk sowie für die Hestellung mancher Arzneimittel ist Zimt unersetzlich. Auch das aus der Rinde und den Blättern destillierte Öl dient vielen Zwecken, wie zum Beispiel zur Aromatisierung von Backwaren, Konfekt, Likör, Parfüms und Seifen.

Zimt war bereits im Altertum den Griechen und Römern bekannt. Über weite Entfernungen kam er auf dem See- oder Landweg (Seidenstraße) in viele Länder, auch nach Palästina, wo er nicht nur in der Küche genutzt wurde. Im Buch der Sprichwörter (7,17) erfahren wir zum Beispiel, wie zu biblischen Zeiten leichte Mädchen ihre Freier verlockten: „Ich habe mein Lager besprengt mit Myrrhe, Aloe und Zimt." Von diesen Sünden der Welt abgesehen, lautete ein Teil der Anweisungen, die Mose (Exodus 30,23) zur Herstellung des Salböls erhielt: „Nimm dir Balsam von bester Sorte: fünfhundert Schekel erstarrte Tropfenmyrrhe, halb soviel, also zweihundertfünfzig Schekel, wohlriechenden Zimt …"

ZITRONAT- oder ZEDRAT-ZITRONE *(Citrus medica)*
Familie: Rautengewächse *(Rutaceae)*

Von Apfelsine bis Zitrone reicht die Vielfalt der allgemein beliebten und als „Vitamin-C-Spender" geschätzten Zitrusfrüchte. Mit ihren etwa 16–20 verschiedenen Arten und zahllosen Kulturformen – allein von der Apfelsine sind rund 400 Sorten bekannt – stellen sie heute nach den Bananen und Weintrauben das wirtschaftlich drittwichtigste Obst der Erde dar.

Das Ursprungsgebiet der Zitronat-Zitrone wird in den Vorgebirgen des Himalaja im Bereich von Jünnan (China) und Nord-Burma vermutet. Sehr bald wurde sie in China und Indien in Kultur genommen und gelangte von dort um 500 v. Chr. nach Medien (der Artname *medica* deutet auf dieses altorientalische, einst im Hochland des Iran gelegene Königreich hin) und nach Persien. Hier lernten sie – als wohl erste Europäer – die Gelehrten Alexanders des Großen kennen, die ihn auf seinem Asienfeldzug (334–324 v. Chr.) begleiteten. Der griechische Gelehrte Theophrast (371–287 v. Chr.) gab die erste genauere Beschreibung dieses „Apfels aus Medien". Weil sein Geruch an Zedernholz erinnert, wurde er auch als *kedromelon* (Zedernapfel) oder vereinfacht als *kedron* bezeichnet. Daraus schuf dann im 1. Jahrhundert n. Chr. der römische Schriftsteller Plinius den lateinischen Begriff *citrus*. Er blieb als wissenschaftlicher Gattungsname sowie im deutschen Wort „Zitrone" erhalten, obwohl im ursprünglichen Sinne ja eigentlich die Zeder gemeint war. Heute ist die Art im gesamten Mittelmeerraum verbreitet, dort liegen mit Italien (Sizilien), Griechenland (Kreta) und Frankreich (Korsika) auch ihre europäischen Hauptanbaugebiete.

Die Zitronat-Zitrone wird als dorniger Strauch oder kleiner Baum etwa 3 m hoch und trägt dunkelgrüne gesägte Blätter von 10–20 cm Länge mit einem ungeflügelten Stiel. Ihre meist endständigen Zwitterblüten haben einen Durchmesser von 30–40 mm, die fünf Kronblätter sind oben weiß, auf der Unterseite rötlich-purpurn gefärbt. Die 10–20, selten bis 30 cm langen und 10–15 cm breiten Früchte können ein Gewicht von über zwei Kilogramm erreichen. Ihre Gestalt ist ziemlich variabel, häufig jedoch mehr oder weniger spindelförmig und meist in eine „Zitze" auslaufend.

Botanisch betrachtet sind alle Zitrusfrüchte Beeren. Ihre Wand (die „Schale") besteht aus zwei Schichten. Die äußere, die auch als „Flavedo" bezeichnet wird, ist relativ dünn und bei reifen Früchten meist leuchtend gelb oder orange gefärbt. Sie enthält zahlreiche Öldrüsen, deren oft angenehm duftendes ätherisches Öl beim Schälen austritt und in der Parfümindustrie verwendet wird. Die darunterliegende weiße Schicht, „Albedo" genannt, ist etwas schwammig und bei der Zitrone oder Orange ziemlich dünn. Der eigentlich essbare, innere Teil der Frucht, das „Fruchtfleisch", besteht aus 5–12 mehr oder weniger leicht voneinander zu trennenden Fruchtfächern (Segmenten). Sie sind nach außen – also zum Albedo hin – von einer dünnen Haut umgeben, die sich während der Fruchtreife an unzähligen Stellen nach innen zum Zentrum hin einstülpt. Aus diesen Einstülpungen gehen die sogenannten Saftschläuche hervor, die dünnwandig und prall in großer Anzahl die Fruchtfächer ausfüllen und auch die Samen einschließen. Der vielseitig genutzte Saft ist bekanntlich reich an Vitaminen, Mineralstoffen und Aminosäuren.

Bei der Zitronat-Zitrone liegen die Verhältnisse etwas anders. Sie spielt als Frischobst praktisch keine Rolle, da ihr in der Mitte gelegenes Fruchtfleisch äußerst sauer schmeckt und nur wenig Raum einnimmt. Dagegen ist die stark verdickte Albedoschicht sehr aromatisch und pektinreich; sie dient seit alter Zeit der Herstellung von Zitronat (auch Zedrat oder Sukkade genannt). Dazu wird die unreif geerntete Frucht halbiert und das Fruchtfleisch entfernt, während die ölreiche Außenschicht (Flavedo) erhalten bleibt. Anschließend legt man die Schalenhälften etwa einen Monat lang in Salzwasser, bis sie glasig erscheinen. Nach dem Auswaschen werden sie aufgekocht und mit flüssigem Zucker oder Sirup kandiert. Meist in Würfel geschnitten gelangen sie in den Handel und sind bis heute ein begehrtes Backgewürz.

Die Zitronat-Zitrone kam als erste Zitrusfrucht nach Palästina und wurde hier bereits in biblischer Zeit kultiviert. Von ihr stammen nach verbreiteter Ansicht jene „schönen Baumfrüchte", die im 3. Buch Mose zur Ausrichtung des jüdischen Sukkoth- oder Laubhüttenfests genannt sind (Leviticus 23,39–40): „Am fünfzehnten Tag des siebten Monats, wenn ihr den Ertrag des Landes erntet, feiert sieben Tage lang das Fest des Herrn! Am ersten und am achten Tag ist Ruhetag. Am ersten Tag nehmt schöne Baumfrüchte, Palmwedel, Zweige von dicht belaubten Bäumen und von Bachweiden, und seid sieben Tage lang vor dem Herrn, eurem Gott, fröhlich!"

Bis heute kommt der *ethrog* oder *Etrog* genannten Frucht beim Sukkoth-Fest als Symbol und als Dankopfer für eine reiche Ernte überragende Bedeutung zu.

ARZNEIPFLANZEN

ALEXANDRINISCHE SENNA *(Senna alexandrina)*
Familie: Caesalpiniengewächse *(Caesalpiniaceae)*

Zur selben Familie wie der Johannisbrot- und der Judasbaum (siehe dort) gehört auch die Gattung *Senna*. Sie umfasst rund 260 Arten, die als einjährige Kräuter, Stauden, Halbsträucher, Sträucher oder Bäume weltweit in den Tropen und den außereuropäischen Subtropen verbreitet sind.

Alexandrinische Senna: paarig gefiederte Blätter (a), Blütentrauben (b). Bemerkenswert ist die unterschiedliche Gestalt der zehn Staubblätter: Die drei obersten sind klein und unfruchtbar (c), die vier mittleren gerade (d), die drei untersten lang und bogenförmig (e).

Die Alexandrinische Senna kommt vom tropischen Afrika über Ägypten und Palästina bis nach Indien vor. Der Strauch wird etwa meterhoch und trägt paarig gefiederte Blätter (a). Seine gelben Blütentrauben (b) setzen sich aus mehreren fünfzähligen Zwitterblüten zusammen. In blütenökologischer Hinsicht äußerst bemerkenswert ist die unterschiedliche Gestalt ihrer insgesamt zehn Staubblätter: Die drei obersten sind klein und unfruchtbar (c), die vier mittleren gerade (d), die drei untersten lang und bogenförmig (e). Die drei oberen werden auch als „Beköstigungsantheren" bezeichnet. Ihre sterilen Pollenzellen stellen für die Blütenbesucher eine sehr hochwertige Nahrung dar und werden von ihnen „angeknabbert". Die mittleren und unteren Staubbeutel dagegen enthalten funktionsfähigen Pollen und sind „Bestäubungsantheren". Während sich die gelandeten Insekten hungrig an den Beköstigungsantheren zu schaffen machen, werden sie unterseits mit dem Blütenstaub eingepudert, der aus den Öffnungen der Bestäubungsantheren herausrieselt. Beim Besuch einer anderen Blüte wird dann der am Tier haftende Pollen auf deren Narbe übertragen. Die mehrsamigen, bis 6 cm langen Hülsen sind gerade oder leicht gebogen.

Die wirtschaftliche Bedeutung der Alexandrinischen Senna – aber auch anderer *Senna*-Arten – beruht auf ihrem Gehalt an spezifischen Senna-Glykosiden in den Blättern. Der aus ihnen bereitete Tee ist ein mildes Abführmittel. „Sennesblätter", wie sie genannt werden, sind aus diesem Grund in vielen entsprechenden Teemischungen zu finden und gehören zum festen Drogenbestand jeder Apotheke. Wichtig ist, dass derartige Tees mit Sennesblättern nicht gekocht werden dürfen, da sonst Leibschmerzen als lästige Nebenerscheinungen auftreten.

Als Erste haben wohl die Araber schon früh die medizinische Wirkung der Blätter entdeckt und nutzten sie als Handelsware. Die von Leonhart Fuchs in seinen beiden Kräuterbüchern von 1542 und 1543 abgebildete Italienische Senna (*Senna italica* MILL.) war wohl erst wenige Jahre zuvor nach Italien gelangt. Das Heimatgebiet der Art entspricht weitgehend dem der Alexandrinischen Senna, die nach ihrem damals wichtigen Ausfuhrhafen Alexandria benannt ist.

In Mitteleuropa ist vor allem die Röhrenkassie (*Cassia fistula* L.) durch ihre bis zu 60 cm langen, röhrenartigen Hülsen bekannt geworden. Das Fruchtmus (Pulpa), in dem die Samen in den Hülsenfächern eingebettet sind, wird unter der Bezeichnung „Manna" von Kindern gern als Leckerei gegessen. Dass es sich dabei nicht um das Manna der Bibel handelt, sei nur angemerkt. Die Röhrenkassie stammt aus Indien und wird heute in vielen Ländern kultiviert. Ihre Pflanzenextrakte dienen ebenfalls medizinischen Zwecken, außerdem zum Aromatisieren von Tabak.

Um welche Pflanze es sich bei dem bekannten „brennenden Dornbusch" handelte, in dem Mose der Engel des Herrn erschien, ist bis heute

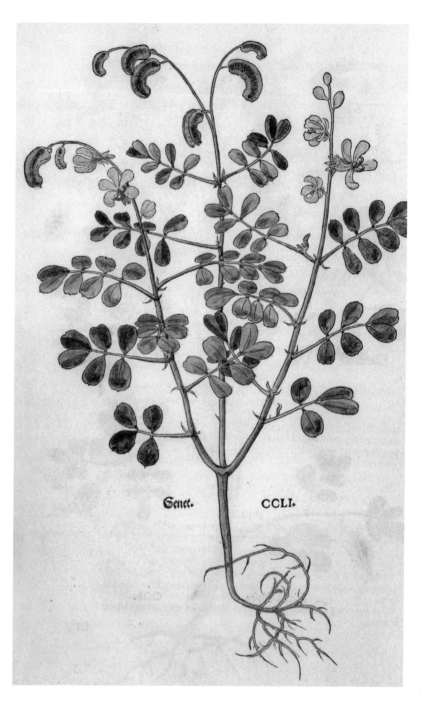

Leonhart Fuchs bildet in seinen beiden Kräuterbüchern von 1542 und 1543 die Italienische Senna ab. „Nimpt auch hinweg allerley verstoppfung", beschreibt er ihre Wirkung.

umstritten. War es eine Akazie, eine auf ihr parasitierende rotblühende Mistel, eine Brombeere, ein Blasenstrauch oder sonst ein Gewächs? Zohary (1983) jedenfalls plädiert für die Alexandrinische Senna:

Exodus 3,2–5: „Dort erschien ihm der Engel des Herrn in einer Flamme, die aus einem Dornbusch emporschlug. Er schaute hin: Da brannte der Dornbusch und verbrannte doch nicht. Mose sagte: Ich will dorthin gehen und mir die außergewöhnliche Erscheinung ansehen. Warum verbrennt denn der Dornbusch nicht? Als der Herr sah, daß Mose näher kam, um sich das anzusehen, rief Gott ihm aus dem Dornbusch zu: Mose, Mose! Er antwortete: Hier bin ich. Der Herr sagte: Komm nicht näher heran. Leg deine Schuhe ab; denn der Ort, wo du stehst, ist heiliger Boden." Auch in der Apostelgeschichte (7,30) wird die Begebenheit erwähnt: „Als vierzig Jahre vergangen waren, erschien ihm in der Wüste beim Berg Sinai ein Engel im Feuer eines brennenden Dornbusches."

Eine von der Deutung Zoharys völlig abweichende und geradezu faszinierende Meinung vertritt Dröscher (1987, S. 18 f.), der das Phänomen den flugfähigen Männchen und Weibchen der Leuchtkäfer-Gattung *Luciola* zuschreibt: „In der Abenddämmerung versammeln sich Tausende von ihnen im Gezweige eines Busches, den sie aus für uns noch nicht erkennbaren Gründen als gemeinsamen Treffpunkt ausgewählt haben. Dabei laufen sie schnellfüßig auf den Zweigen hin und her und beginnen mit ihren Laternen am Unterleib zu blinken.

Geisterhaft leuchtet der Busch im Dunkel der hereinbrechenden Nacht auf und ist bald als gelb-grün fluoreszierende Fackel einige hundert Meter weit zu sehen ... Scharen weiterer ‚Glühwürmchen' steuern diesen ‚Leuchtturm' an, gesellen sich hinzu und verwandeln den Busch in eine immer heller flimmernde Pyramide: ein einziger großer ‚Heiratsmarkt' für die paarungslustigen Tierchen."

Eher unwahrscheinlich erscheinen die Ausführungen von Humphreys (2007, S. 86–98), der wortreich die Flammenbildung auf entzündetes Erd- oder Vulkangas zurückführt.

BILSENKRAUT, SCHWARZES BILSENKRAUT *(Hyoscyamus niger)*
Familie: Nachtschattengewächse *(Solanaceae)*

Eigentlich hat die Pflanzengattung in einem Buch zum Thema Bibelpflanzen nicht viel verloren. Nach Zohary (1983) ergibt sich ihre Erwähnung ausschließlich aus dem hebräischen Wort *shikrona* (= Bilsenkraut). Es findet sich im biblischen Ortsnamen Schikkaron wieder, der allerdings von dem in Palästina häufigen Goldgelben Bilsenkraut *(Hyoscyamus aureus* L.) hergeleitet wird. Josua 15,11: „Dann verläuft sie [die Grenze] hinaus zur Nordflanke von Ekron, biegt ab nach Schikkaron, geht hinüber zum Berg Baala und hinaus nach Jabneel."

Diese hierzulande kaum kultivierte Art ersetzen wir durch das verwandte, in Europa auf Schuttflächen und an Mauern relativ häufige Schwarze Bilsenkraut. Denn wie kaum eine andere Pflanze versinnbildlicht es ein zwar heute gern verschwiegenes und sicherlich nicht im Sinne Christi, gleichwohl unter seinem Namen stattgefundenes Phänomen: den „Hexenwahn", die Verfolgung, Folterung und Verbrennung zahlloser unschuldiger Frauen.

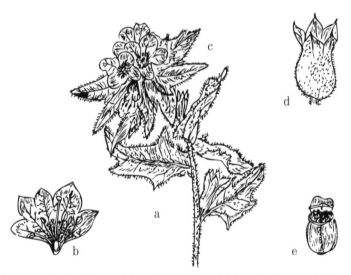

Schwarzes Bilsenkraut: Pflanze und Blätter (a) sind drüsig-zottig behaart. Der Kronsaum der Blüten ist schmutzigelb mit violetten Netzadern, die zum rotvioletten Schlund überleiten (b). Im Kelch mit seinen Zähnchen (c) reift eine Kapselfrucht heran, die sich mit einem Deckel öffnet (d,e) und bis zu 500 Samen freilässt.

Bilsenkraut galt als Zaubermittel und Arzneipflanze zugleich. Leonhart Fuchs, der das „Bilsamkraut" abbildet, mahnt in seinem *New Kreüterbuch* vor der Gefährlichkeit der Pflanze, die nur in geringen Mengen äußerlich anzuwenden sei.

Die 20–80 cm hohe Pflanze zeigt einschließlich ihrer buchtig eingeschnittenen Blätter (a) eine drüsig-zottige Behaarung. Der Kronsaum ihrer fünfzähligen Blüten ist schmutziggelb mit violetten Netzadern, die zum rotvioletten Schlund überleiten (b). Im Kelch mit seinen stechend zugespitzten Zähnchen (c) reift eine 10–15 mm lange Kapselfrucht heran, die sich mit einem Deckel öffnet (d) und bis zu 500 Samen freilässt.

Besonders diese Samen, aber auch die anderen Pflanzenteile sind wegen ihres hohen Gehalts der Alkaloide Hyoscyamin, Scopolamin und Atropin äußerst giftig! Sie waren im Mittelalter daher Bestandteil der „Hexensalben", die oft tödliche Rauschzustände und Halluzinationen hervorriefen. Andererseits wirkten sie in der Hand des kundigen Arztes seit alter Zeit betäubend und schmerzlindernd bei Operationen, Geburten oder Zahnweh. Bilsenkraut war daher verteufelte Zauberpflanze und Arzneimittel zugleich.

ECHTE ALOE *(Aloe vera, A. barbadensis)*
Familie: Aloegewächse *(Aloaceae)*

Verbreitet ist die Gattung mit etwa 450 Arten von den Trockengebieten Afrikas (Abessinien bis zum Kapland) bis nach Madagaskar, Sokotra und den Maskarenen. Als Heimat der Echten Aloe wird Arabien vermutet. Über den Mittelmeerraum und die Kanarischen Inseln gelangte die Pflanze in der Folgezeit einerseits nach Indien, andererseits in die Karibik. Der inzwischen veraltete Artname erinnert an die lange Kultur zur Drogengewinnung auf der dortigen Insel Barbados, die um 1650 von den Spaniern veranlasst wurde.

Die Art besitzt einen kurzen verholzenden Stamm von 30–50 cm Höhe, der am Grund Ausläufer treibt oder sich verzweigt. Hieraus erklärt sich der oft gedrängte Wuchs der Sprosse, an deren Ende ein Schopf sparrig abstehender, fleischiger Blätter steht. Sie sind 40–50 cm lang, sehr saftreich (sukkulent) und tragen am Rand entfernt stehende, dreieckige und hornartige Zähne. Der traubige Blütenstand erreicht bis zu 90 cm Höhe. An seinem Ende sitzen in den Achseln von Tragblättern die in der Jugend aufgerichteten, später hängenden Blüten. Sie sind gelb, doch gibt es auch orangerote bis rote Sorten.

Das bittere Aloe-Harz wird in den großen Zellen der Blätter gebildet, die rings um das Leitbündel liegen. Es wird gewonnen, indem man die Blätter abschneidet, den heraustropfenden, zähflüssigen Saft sammelt und an der Luft trocknen lässt. Das gelblich-graue bis rötliche Harz enthält als Bitterstoff Aloin, wirkt abführend und ist in vielen entsprechenden Präparaten enthalten. Wegen der antibakteriellen Wirkung ist die Droge heute auch Bestandteil von Emulsionen, Hautcremes etc. – und wenn man der modernen Werbung glaubt, dann hilft Aloe fraglos gegen jede nur erdenkliche Krankheit. Unsere Großeltern hatten es einfacher und billiger: Sie kultivierten im Blumentopf am Fenster die Baumartige Aloe (*A. arborescens* MILL.) oder die ebenfalls aus Südafrika stammende Tiger-Aloe (*A. variegata* L.) und hatten so zur Kühlung und Heilung von Wunden, Kratzern und anderen „Wehwehchen" ein jederzeit verfügbares Hausmittel parat. Das war vielleicht schon in der kinderreichen Familie von Leonhart Fuchs der Fall, der in seinen beiden Arzneipflanzenbüchern (1542 und 1543) die

Leonhart Fuchs veröffentliche in seinen Arzneipflanzenbüchern die vermutlich erste wissenschaftlich korrekte Abbildung der Echten Aloe. Er empfahl sie unter anderem zur Wundheilung.

vermutlich erste wissenschaftlich korrekte Abbildung der Echten Aloe veröffentlichte und sie unter anderem zur Wundheilung empfahl.

Bereits im Altertum diente das Harz der genannten und weiterer *Aloe*-Arten als Arznei für die Lebenden, aber ebenfalls zum Einbalsamieren der Toten. Wenn Aloe auch an vielen Stellen der Bibel genannt wird, so wird doch oft darunter das duftende Öl des Adlerholzbaumes (*Aquilaria malaccensis* LAM. [*A. agallocha* ROXB.]) verstanden werden müssen, einer zur Familie der Seidelbastgewächse (*Thymelaeaceae*) gehörenden Art aus Indien und Indochina. Bei der Bestattung von Jesus aber wurde wahrscheinlich Echte Aloe verwendet (Johannes 19,39–42): „Es kam auch Nikodemus, der früher einmal Jesus bei Nacht aufgesucht hatte. Er brachte eine Mischung aus Myrrhe und Aloe, etwa hundert Pfund. Sie nahmen den Leichnam Jesu und umwickelten ihn mit Leinenbinden, zusammen mit den wohlriechenden Salben, wie es beim jüdischen Begräbnis Sitte ist."

ECHTER SCHWARZKÜMMEL *(Nigella sativa)*
Familie: Hahnenfußgewächse *(Ranunculaceae)*

Wer schon einmal Fladenbrot probiert hat, der kennt die kleinen schwarzen Samen des Echten Schwarzkümmels, die zur Würze dienen. Ursprünglich vielleicht in Südwestasien und in Teilen Südosteuropas beheimatet, wurde er schon vor undenklichen Zeiten als Gewürz- und Arzneipflanze im Nahen Osten, auf dem Balkan, im Mittelmeerraum sowie in Nordafrika kultiviert und gelangte bis nach Südrussland und Indien. Über 3300 Jahre alte Samen lagen im Grab Tutanchamuns, die griechischen Mediziner Hippokrates (geboren um 460 v. Chr.) und Dioskorides (1. Jahrhundert n. Chr.) kannten die Pflanze ebenso wie der römische Schriftsteller Plinius (23–79 n. Chr.).

Die wohl erste Abbildung der Art findet sich in der 1542 erschienenen *Historia stirpium* von Leonhart Fuchs. In Wasser oder Wein gesotten, empfiehlt Fuchs den Echten Schwarzkümmel unter anderem gegen Hauterkrankungen, Hühneraugen, Zahnschmerzen, Blähungen, Schnupfen und Atembeschwerden. Obwohl in den letzten Jahren zur vielgelobten „Modepflanze" geworden, gelten Öl und sonstige Präparate der Art wegen weitgehend fehlender klinischer Studien nicht als Arznei-, sondern als Nahrungsergänzungsmittel.

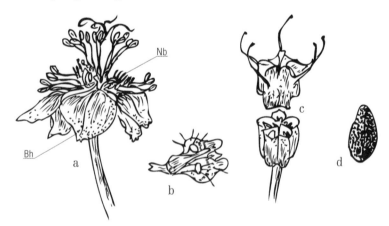

Echter Schwarzkümmel: Blüten (a), Blütenhülle (Bh), Nektarblätter (Nb): Sie sind in zwei „Zungen" gegliedert (b), Frucht (c), Samen (d).

Der Echte Schwarzkümmel ist einjährig, besitzt mehrfach fiederspaltige Blätter und wird mit seinen einfachen oder verzweigten Stängeln 20–40 cm hoch. Etwa ab Juni erscheinen die bläulichweißen Blüten (a). Ebenso wie die noch schöneren des Damaszener Schwarzkümmels (*N. damascena* L.), der als sehr beliebte Zierpflanze auch unter den Namen „Gretel im Busch" oder „Jungfer im Grünen" bekannt ist, zeigen sie eine hochinteressante Bestäubungsbiologie. Oberhalb der auffälligen fünfzähligen Blütenhülle (Bh), die der Anlockung dient, liegt ein Kreis von meist acht kleinen, sehr eigenartig geformten Nektarblättern (Nb). Sie sind zart gelb gefärbt und in zwei „Zungen" gegliedert (b). Unter dem dazwischenliegenden, spitz auslaufenden Deckelchen verbirgt sich eine intensiv gelbe Grube, in der reichlich Nektar gebildet wird. „Saftmaschinen" nannte sie 1793 Christian Konrad Sprengel, der Begründer der Blütenökologie. Er beobachtete als Erster, dass nur Bienen mit ihrem Rüssel das Deckelchen anheben können, um an den Nektar zu gelangen. Sie wandern von einer Nektarquelle zur nächsten und werden dabei in den jungen Blüten am Rücken mit Blütenstaub „eingepudert". Da die *Nigella*-Blüten vormännlich sind, reifen zuerst die zahlreichen Staubblätter heran, jedoch nicht alle gleichzeitig. Meist sind in jeder Blüte acht Gruppen von je sechs Staubblättern vorhanden, die sich nacheinander in einem abgestimmten Rhythmus bogig über die Nektarblätter krümmen. Die jeweils reifen Staubbeutel oder Antheren kommen dadurch genau in die richtige Lage und Höhe, sodass die Biene beim Nektarsammeln einen Teil ihres Pollens „mitnimmt". Wenn die Antheren der ersten acht Staubblätter leer sind, legen sie sich flach auf die Blumenblätter. An ihre Stelle rücken die nächsten, die vorher noch steil aufgerichtet waren, und führen die geschilderten Bewegungen durch. So geht es fort, bis nach dem Abblühen fast aller Staubblätter das weibliche Blütenstadium einsetzt. Korkenzieherartig beugen sich die fünf langen Griffel mit ihren jetzt reifen Narben über den Kreisumgang. Nektarsuchende Bienen, die von jungen Blüten einer anderen Pflanze kommen und Pollen mitbringen, streifen ihn an den Narben ab und vollziehen dabei die Fremdbestäubung. Schließlich strecken sich die Griffel wieder in die Höhe und krönen die mehrfächerige Frucht (c). Bis zum Herbst reift sie mit ihren zahlreichen schwarzen und kantigen Samen (d) heran.

Echter Schwarzkümmel

In seinem *New Kreüterbuch* von 1543 beschreibt Leonhart Fuchs den „Schwartz Kümmich" sehr genau. Sein Same, meint der Gelehrte, „ist scharpff auff der zungen unnd reucht seer wol".

Als Martin Luther die Bibel ins Deutsche übersetzte, wurde aus dem nur einmal im Gleichnis vom Bauern (Jesaja 28,24–27) genannten Echten Schwarzkümmel einfach „Kümmel". Man könnte ja daran denken, dies in künftigen Einheitsübersetzungen abzuändern. Jedenfalls mussten die Samen („Kümmel" = Schwarzkümmel) sorgfältig ausgedroschen werden: „Pflügt denn der Bauer jeden Tag, um zu säen, beackert und eggt er denn jeden Tag seine Felder? Nein, wenn er die Äcker geebnet hat, streut er Kümmel und Dill aus, sät Weizen und Gerste und an den Rändern den Dinkel. So unterweist und belehrt ihn sein Gott, damit er es recht macht. Auch fährt man nicht mit dem Dreschschlitten über den Dill und mit den Wagenrädern über den Kümmel, sondern man klopft den Dill mit dem Stock aus und den Kümmel mit Stecken."

EFEU *(Hedera helix)*
Familie: Efeugewächse *(Araliaceae)*

Von der mit rund 700 Arten vor allem in den heißen Tropen verbreiteten Familie ist der Efeu nicht nur der einzige heimische Vertreter, sondern zugleich unser einziger „Wurzelkletterer". Denn neben den Wurzeln für die Wasser- und Nährstoffaufnahme bildet er besondere Haftwurzeln, die ausschließlich der Verankerung dienen. Sie entspringen seinen Kriech- und Klettersprossen und werden bis zu 8 mm lang. Der Unterlage eng angeschmiegt und bald verholzend, ermöglichen sie das Emporklimmen an Bäumen oder Mauern bis in Höhen von über 20 m. Die Verbindung ist derart fest, dass beim Ablösen die Wurzeln oft zerreißen und teilweise zurückbleiben.

Dies sollte vor einer geplanten Verwendung zur Hausbegrünung bedacht werden, andererseits aber auch nicht abschrecken. Denn zweifellos besitzt der Kletterstrauch durch sein dichtes, immergrünes und glänzendes Laub einen besonderen Reiz. Hinzu kommt, dass der Bewuchs wärmeisolierend wirkt und das oft schon poröse Gestein alter Gebäude vor Witterungseinflüssen relativ gut schützt. Außerdem entziehen die Pflanzen dem Boden an den Grundmauern die schädigende Feuchtigkeit. Auch für Bäume stellt der Efeu in der Regel keine Gefahr dar, da er ja kein Schmarotzer ist, wie vielfach noch geglaubt wird. Nur selten oder erst im höheren Alter, das 450, ja sogar 1000 Jahre erreichen soll, kann er als Lichtkonkurrent ein Absterben des Stützbaumes bewirken.

Auch sonst hat die von Europa, Nordafrika und Kleinasien bis zum Iran verbreitete Art einige Besonderheiten zu bieten. Dazu gehört zum Beispiel die unterschiedliche Form (Heterophyllie) ihrer Blätter, die an den Langtrieben drei- bis fünflappig sind (a), an den Blütentrieben (b) dagegen ungelappt und rauten- bis eiförmig. Im Zentrum der fünfzähligen Blüten (c) mit ihrer gelbgrünen Krone liegt eine den kurzen Griffel umgebende kegelige Drüse, die reichlich Nektar produziert. Die zu endständigen Rispen vereinten Teilblütenstände werden daher im September und Oktober von vielen Insekten besucht und bestäubt. Ungewöhnlich spät – nämlich erst zur nächsten Vegetationsperiode – erfolgt im März und April die Reife der Fruchtdolden (d). Die blauschwarzen, runden,

8–10 mm dicken Beeren (e) besitzen drei bis fünf Samen und werden von verschiedenen Vögeln gefressen und verbreitet. Ihre Giftigkeit für den Menschen ist umstritten, da sie unangenehm schmecken, wird man sie aber ohnehin kaum verzehren.

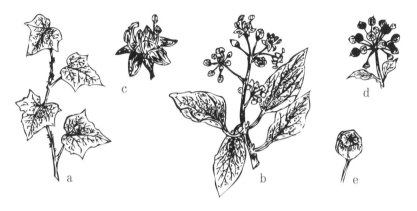

Efeu: Zu seinen Besonderheiten gehört die unterschiedliche Form der Blätter, die an den Langtrieben drei- bis fünflappig sind (a), an den Blütentrieben (b) dagegen ungelappt und rauten- bis eiförmig. Blüten (c), Fruchtdolden (d), Beeren (e).

Von der Antike bis ins mittelalterliche Deutschland hinein wurde Efeu medizinisch unter anderem gegen Geschwüre, als Abführmittel oder als schweißtreibende Arznei verwendet. Auch glaubte man, dass ein aus Efeuholz geschnitzter Löffel vor Halsweh schütze. Heute werden die saponin- und glykosidreichen Extrakte der Pflanze als wirksames Hustenmittel bei Bronchitis und Keuchhusten verschrieben.

In doppeldeutiger Hinsicht dem „Geistigen" verbunden, zierten Efeuzweige im Altertum die Stirn von Dichtern und Zechern. „O sehet, es erregt mir den Geist der Efeu, der zu bacchischen Freuden mich entrückt", empfand eher diesseitig-menschlich der griechische Tragödiendichter Sophokles. Nicht gerade bescheiden schreibt der römische Dichter Horaz „Mich gesellet Efeu, der Kranz des Dichterhauptes, den Göttern." Wie der Weinstock (siehe dort) war auch der Efeu dem Gott des Weines, der Fruchtbarkeit und der Ekstase Dionysos (griech.) alias Bacchus (röm.) geweiht. Daher schmückte man ihre Standbilder mit beiden Pflanzen oder kühlte sich bei üppigen Festgelagen den Brummschädel mit Efeu-

Der Holzschnitt aus dem *New Kreüterbuch* von Leonhart Fuchs zeigt sehr schön die Verschiedenblättrigkeit des Efeu.

zweigen – im Glauben, dass Efeulaub einen allzu starken Rausch verhüte. Noch heute hängen in verschiedenen Weinbaugebieten, wie etwa im Rheinland, manche Winzer als Hinweis auf den Ausschank eigenen Rebensaftes einen Efeukranz an die Tür – im Schwäbischen reicht dazu meist ein alter Besen.

Efeu war und ist aber nicht nur Symbol der Heiterkeit und Geselligkeit, er ist bis heute auch Sinnbild für Freundschaft und Unsterblichkeit. Auf immergrüne Efeublätter betteten die frühen Christen ihre Verstorbenen, und Efeu gehört immer noch zu den häufigen Gewächsen unserer Friedhöfe.

Es war wohl nicht Efeu, den Gott als schattenspendende Pflanze über Jona emporwachsen ließ (dies ist bei Jona 4,6–10 in manchen Bibelausgaben noch zu lesen), sondern der Rizinus (siehe dort). Stimmt man dieser Auffassung zu, dann bezieht sich nur eine Bibelstelle unter Hinweis auf die oben angesprochenen „dionysischen Feiern" auf den Efeu (2. Makkabäer 6,7): „Zu ihrer Erbitterung mußten die Einwohner sich jeden Monat am Geburtstag des Königs zum Opfermahl führen lassen, und am Fest der Dionysien zwang man sie, zu Ehren des Dionysos mit Efeu bekränzt in der Prozession mitzugehen."

Efeu / 119

MALVE, WILDE MALVE *(Malva sylvestris)*, STOCKROSE, ROSENMALVE *(Alcea rosea)*
Familie: Malvengewächse *(Malvaceae)*

Zu den weltweit verbreiteten Malvengewächsen gehören etwa 85 Gattungen mit rund 1500 Arten. Sie haben eine Vorliebe für lichte, sonnige Lebensräume und kommen hauptsächlich in den Halbtrockengebieten der Subtropen und Tropen vor. Bezeichnend für wohl alle Arten ist der hohe Gehalt an Schleimen, die in den Zellen oder in Leitgeweben abgelagert werden. Man nimmt an, dass die Schleimbildung als Anpassung an den Wasserhaushalt trockener Standorte verstanden werden kann. Besonders in der Flora der gemäßigten Breiten, also ebenfalls bei uns, nehmen die Malvaceen im Hinblick auf ihren Reichtum an Schleimen eine Sonderstellung ein. Aus diesem Grund werden sie für medizinische Zwecke bevorzugt genutzt.

Die Malve oder Wilde Malve ist bei uns an sonnigen und warmen Stellen (Wegränder, Schuttplätze, Zäune oder Mauern) häufig anzutreffen. Von Nordafrika über den gesamten Mittelmeerraum, das südliche und mittlere Europa bis hin zum Ural verbreitet, kann man sie an ihren fünf großen, rosa-violetten und meist mit je drei dunkleren Längsstreifen geschmückten Kronblättern relativ leicht erkennen. Mindestens seit griechischen und römischen Zeiten finden besonders die schleimhaltigen Blüten in der Heilkunde vielseitige Verwendung: für erweichende Umschläge, Gurgel- und Mundwasser, bei Erkrankung der Augen, Brustschmerzen, Hals- und Mandelentzündungen etc.

Die Stockrose oder Rosenmalve, im südlichen Asien von der Türkei bis nach China vorkommend und im Mittelmeergebiet eingebürgert, war einst eine beliebte Bauerngartenpflanze und verdiente auch heute wieder mehr Beachtung. Sie wird bis zu 3 m hoch und entfaltet von Juli bis Oktober ihre 6–10 cm breiten Zwitterblüten, die je nach Sorte weiß, gelb, rosa, rot bis fast schwarz gefärbt sind. Letztere waren früher auch bei uns von Weingärtnern zur „Farbverstärkung" des Rotweins sehr gesucht und wurden daher nicht selten in den Weinbergen angepflanzt. In gleicher Weise wie bei der nahe verwandten Malve, die auch als „Käsepappel" bezeichnet wird, ist der Fruchtknoten eine Scheibe, bei der die einzelnen

„Roßpappel" heißt die Wilde Malve im Fuchs'schen *New Kreüterbuch*.

Fruchtblätter wie in einer aufgeschnittenen Torte oder einem Käse angeordnet sind. Zur Reifezeit zerfällt die Frucht dann in die einzelnen Teilfrüchtchen.

Stockrosen im bäuerlichen Garten erfreuten nicht nur das Auge, sie halfen genau wie die meist wild gesammelten Malvenblüten gegen die oben genannten und andere Leiden.

Nach Zohary (1983) lässt sich aufgrund sprachwissenschaftlicher Studien annehmen, dass sich das folgende Hiobzitat auf eine oder beide unserer Pflanzen beziehen könnte: Ijob 6,6–7: „Ißt man denn ungesalzene Speise? Wer hat Geschmack an fadem Schleim?"

Leonhart Fuchs kannte mehrere verschiedenfarbige Sorten der Stockrose, darunter auch solche mit gefüllten Blüten. Unter dem Namen „Ernrosen" sind sie im *New Kreüterbuch* „... alle under einem gemael begriffen" und gemeinsam in dem hier wiedergegebenen Holzschnitt dargestellt.

MINZE-ARTEN *(Mentha-Arten)*
Familie: Lippenblütler *(Lamiaceae)*

Schon der Reichenauer Klosterabt Strabo schreibt in seinem zwischen 842 und 849 gedichteten *Hortulus*: „Wenn aber einer die Kräfte und Arten und Namen der Minze samt und sonders zu nennen vermöchte, so müsste er gleich auch wissen, wieviele Fische im Roten Meere wohl schwimmen, oder wieviele Funken Vulkanus, der Schmelzgott von Lemnos, schickt in die Lüfte empor aus den riesigen Essen des Aetna."

Seine Zeilen gelten bis heute. Denn es gibt weltweit wohl keinen Botaniker, Systematiker oder Pharmakologen, der die 15–25 Arten – auch diese Zahlen sprechen für sich – sowie ihre unzähligen, formenreichen Bastarde und nicht zuletzt ebenfalls die erzielte Sortenvielfalt ohne Probleme bestimmen könnte.

Welche Arten oder Kreuzungen daher bereits im Altertum und im Mittelalter wegen ihres Gehalts an ätherischem Öl (besonders Menthol) gegen die unterschiedlichsten Erkrankungen verwendet wurden, ist nicht mehr zu ermitteln. Minzöl jedenfalls gehört zu den am meisten verarbeiteten ätherischen Ölen in der pharmazeutischen Industrie.

Die Ross-Minze *(Mentha longifolia* [L.] HUDS.) gehört in Palästina zu den häufigeren *Mentha*-Arten. Es könnte daher gut sein, dass sie die Pflanze gewesen ist, die Jesus an erster Stelle in seiner Strafrede nennt (Matthäus 23,23–24): „Weh euch, ihr Schriftgelehrten und Pharisäer, ihr Heuchler! Ihr gebt den Zehnten von Minze, Dill und Kümmel und laßt das Wichtigste im Gesetz außer acht: Gerechtigkeit, Barmherzigkeit und Treue. Man muß das eine tun, ohne das andere zu lassen. Blinde Führer seid ihr: Ihr siebt Mücken aus und verschluckt Kamele."

Ganz ähnlich heißt es bei Lukas 11,42: „Doch weh euch Pharisäern! Ihr gebt den Zehnten von Minze, Gewürzkraut und allem Gemüse, die Gerechtigkeit aber und die Liebe zu Gott vergeßt ihr. Man muß das eine tun, ohne das andere zu unterlassen."

Leonhart Fuchs bildet die Ross-Minze unter dem Namen „Roßmüntz" in seinem *New Kreüterbuch* ab.

RIZINUS, PALMA CHRISTI, WUNDERBAUM
(Ricinus communis)
Familie: Wolfsmilchgewächse *(Euphorbiaceae)*

Die im tropischen Afrika wild vorkommende und dort wohl auch ursprünglich beheimatete Art wurde bereits vor 6000 Jahren in Ägypten und seit alter Zeit ebenfalls in Indien und im Mittelmeergebiet kultiviert. In den Tropen wächst sie zu einem bis zu 13 m hohen Baum heran, in den Subtropen bildet Rizinus 3–4 m hohe Sträucher, während er bei uns nur einjährig gezogen werden kann und beim ersten Frost seine Blätter verliert. Trotzdem ist die über mannshohe Pflanze mit ihren ungewöhnlich großen, handförmig geteilten Blättern und den 10–50 cm langen Blütenständen äußerst dekorativ.

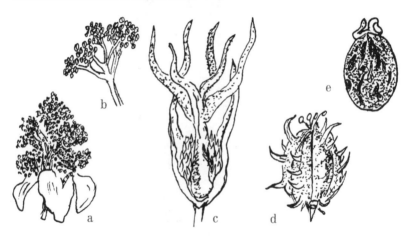

Rizinus: Die männlichen Blüten (a) fallen durch ihre Staubblätter (b) auf. Die weiblichen Blüten (c) fangen auf ihren Narben den herangewehten Blütenstaub auf. Im Herbst öffnet sich die Fruchtkapsel (d) und gibt die Samen (e) frei.

An ihnen entwickeln sich im unteren Bereich die männlichen Blüten (a), die durch ihre Vielzahl merkwürdig verzweigter Staubblätter (b) besonders auffallen. Ihre bis zu 1000 Staubbeutel springen bei der Reife explosionsartig auf und schleudern den Pollen in die Umgebung. An den weiblichen Blüten (c) der oberen Blütenstandsregion sind vor allem die drei großen, rotgefärbten und zweispaltigen Narben erwähnenswert, die den herangewehten Blütenstaub auffangen. Im Herbst öffnet sich die glatte oder bestachelte Fruchtkapsel (d) und gibt die unterschiedlich großen, meist hübsch marmorierten, allerdings sehr giftigen Samen (e) frei, die keineswegs in Kinderhände gelangen sollten! Das kleine fleischige Anhängsel am Ende dient der Anlockung von Ameisen, welche die Samen oft fortschleppen und dadurch zur Ausbreitung beitragen.

Ein gelungenes Bild des „Wunderbaums" zeichnet Leonhart Fuchs in seinem *New Kreüterbuch*. Nach den exakten Angaben wird er das „frembd gewechß" wohl selbst im universitätseigenen Lehr- und Forschungsgarten beim Tübinger Nonnenhaus gepflanzt haben, und er liefert auch gleich einige Namenserklärungen: „Wunderbaum ist es genent worden der ursachen halben / das es in einer kurtzen zeit wunderbarlich also hoch über sich scheüßt / das eim baum gleich würt. Zeckenkoerner darumb / das sein sam so er außspringt den hundßzecken gantz gleich ist." In seinem Werk findet sich ebenfalls die bis heute gebräuchliche Bezeichnung „Palma Christi". Nach Marzell (1977) ist darunter jedoch nicht die Palme, sondern – nach der Form der Blätter – die „ausgestreckte Hand" Christi zu verstehen.

Schon im alten Ägypten (nach dem Papyrus Ebers, vgl. Papyrus-Kapitel) und in Griechenland wurden Rizinussamen bzw. ihr Öl medizinisch genutzt, unter anderem gegen Geschwüre, als Haarwuchsmittel, besonders aber gegen Verstopfung. Manche dieser lebensbedrohenden Anwendungen übernahmen die mittelalterlichen Kräuterbuchautoren, sogar Leonhart Fuchs: „Dreissig zeckenkoerner von jren schelfen [Samenschalen] gereynigt / zerstossen und getruncken / treiben durch den stulgang die gallen / zaehen schleim und wasser. Machen speien. Es ist aber soelche purgation unlieblich und müeselig / dann sie bewegt und überwürfft den magen hefftig." Wenn vielleicht auch unsere Vorfahren etwas weniger empfindlich waren als wir, so bleibt doch zu hoffen, dass er diese Rezeptur nie ausprobiert hat! Denn keiner seiner Patienten hätte überlebt, da bereits ein einziger der hochgiftigen Samen zum Tod eines Erwachsenen führen kann (vgl. Frohne & Pfänder 1982).

Nur bei richtiger Aufbereitung und Pressung der Samen mit ihrem Ölgehalt von 40–55 Prozent tritt der Giftstoff Ricin nicht in das abführende Rizinusöl über. Als eines der wichtigsten technischen Öle über-

Leonhart Fuchs bildet den „Wunderbaum" (Rizinus) im *New Kreüterbuch* ab. Schon im alten Ägypten und in Griechenland wurden Rizinussamen bzw. ihr Öl medizinisch genutzt: gegen Geschwüre, als Haarwuchsmittel, besonders aber gegen Verstopfung.

haupt dient es heute aber vor allem zur Herstellung hochwertiger Schmieröle, von Seifen, Farben, Lacken, Kunststoffen, Linoleum und zahlreichen weiteren Produkten. Die steigende Nachfrage hat zum Anbau der Art in vielen Ländern Asiens, Afrikas und Amerikas geführt.

Aus botanischer Sicht war bzw. ist der raschwüchsige und großblättrige Rizinus die „richtige" schattenspendende Pflanze, die an einer einzigen Stelle der Bibel – Jona 4,6–10 – genannt wird. Während in vielen Bibelausgaben von „Flaschenkürbis", „Koloquinte", „Efeu" oder einfach „Staude" die Rede ist, lesen wir bei Luther und auch in der Einheitsübersetzung: „Da ließ Gott, der Herr, einen Rizinusstrauch über Jona emporwachsen, der seinem Kopf Schatten geben und seinen Ärger vertreiben sollte. Jona freute sich sehr über den Rizinusstrauch. Als aber am nächsten Tag die Morgenröte heraufzog, schickte Gott einen Wurm, der den Rizinusstrauch annagte, so daß er verdorrte. Und als die Sonne aufging, schickte Gott einen heißen Ostwind. Die Sonne stach Jona auf den Kopf, so daß er fast ohnmächtig wurde. Da wünschte er sich den Tod und sagte: Es ist besser für mich zu sterben als zu leben. Gott aber fragte Jona: Ist es recht von dir, wegen des Rizinusstrauches zornig zu sein? Er antwortete: Ja, es ist recht, daß ich zornig bin und mir den Tod wünsche. Darauf sagte der Herr: Dir ist es leid um den Rizinusstrauch, für den du nicht gearbeitet und den du nicht großgezogen hast. Über Nacht war er da, über Nacht ist er eingegangen."

DUFTPFLANZEN

AMBERBAUM, ORIENTALISCHER AMBERBAUM
(Liquidambar orientalis)
Familie: Zaubernussgewächse *(Hamamelidaceae)*

Die Südtürkei und Syrien sind die Heimat des sommergrünen Strauches oder 7–20 m hohen Baumes, der verschiedentlich auch im Mittelmeergebiet kultiviert wird. Seine handförmigen, 5–9 cm breiten und meist fünflappigen Blätter (a) erinnern an die mancher Ahorn-Arten. Die unscheinbaren grünlich-gelben Blüten der einhäusigen Art erscheinen in Südwest-Anatolien im März/April. Die zahlreichen männlichen Blüten vereinen sich zu dichtgedrängten Köpfchen, die gemeinsam einen aufrechten Blütenstand bilden (b). Dagegen sind die weiblichen zu einem langgestielten und hängenden Kopf (c) verwachsen. Er entwickelt sich zum kugeligen, harten Fruchtstand (d). Durch die bleibenden, verholzenden Griffel der einzelnen Fruchtkapseln fasst er sich ziemlich stachlig an und gleicht einem kleinen „Morgenstern". Die länglichen Samen (e) sind abgeflacht und kurz geflügelt.

Amberbaum: Blätter (a), Blütenstand (b) männlicher Blüten, weibliche Blüten (c), aus denen ein kugeliger, harter Fruchtstand (d) entsteht, Samen (e).

Seit uralten Zeiten liefert der Amberbaum ein flüssiges Balsamharz, das man als Styrax oder Storax bezeichnet. Es wurde aus der abgelösten, noch jungen Rinde mit heißem Wasser ausgeschmolzen und ausgepresst und in Fässern oder Schläuchen aus Ziegenfell aufbewahrt. Heute gewinnt man es offenbar direkt durch senkrechtes Anritzen der Pflanzen (vgl. Kürschner et al. 1997). Styrax stellte sowohl flüssig als auch in getrockneter Körnerform eine wichtige Handelsware dar. Ein ähnliches Harz, den trockenen Styrax, sammelte man aber auch vom Gewöhnlichen Storaxbaum (*Styrax officinalis* L.), der einer anderen Pflanzenfamilie, den Storaxgewächsen oder *Styracaceae*, angehört. Damit waren Verwechslungen „vorprogrammiert", zumal die alten Schriftsteller längst nicht immer zwischen den beiden „Styraxen" unterscheiden. Der *Liqidambar*-Styrax jedenfalls war als schleimlösende Arznei, gegen Hauterkrankungen (besonders Krätze), für Duftstoffe etc. sowie als Räuchermittel im religiösen Bereich von Bedeutung. Noch heute sollen die bei der Storaxgewinnung anfallenden Pressrückstände in der griechisch-orthodoxen Kirche unter dem Namen „Christholz" zu duftendem Rauch verbrannt werden.

Manches spricht dafür, dass es sich bei dem in der Genesis (37,25; 43,11) genannten „Mastix" um den Styrax des Amberbaums handelte (vgl. die Angaben bei der Aschgrauen Zistrose). Dies gilt ebenfalls für den „Balsam", nach dem Jeremia 8,22 fragt: „Gibt es denn keinen Balsam in Gilead, ist dort kein Wundarzt? Warum schließt sich denn nicht die Wunde der Tochter, meines Volkes?"

ASCHGRAUE ZISTROSE *(Cistus incanus)*
Familie: Zistrosengewächse *(Cistaceae)*

Die Familie umfasst acht Gattungen mit etwa 175 Arten, deren Mannigfaltigkeitszentrum im Mittelmeergebiet liegt. Dort sind sie wichtiger Bestandteil der niedrigen gebüschartigen Garigue- und Macchien-Vegetation, die sich nach der Vernichtung der früher vorhandenen Wälder stark ausgebreitet hat. Einige wenige Vertreter gehören auch unserer Flora an, wie zum Beispiel das Gewöhnliche Sonnenröschen (*Helianthemum nummularium* [L.] MILL.) besonnter Halbtrocken- und Trockenrasen.

Am natürlichen Standort bilden die rund 20 verschiedenen Cistus-Arten reichverzweigte buschige Sträucher, die selten eine Höhe von mehr als 1–2 m erreichen. Sie sind wie die Blätter rau, filzig, zottig oder drüsig-klebrig behaart und überziehen die Berghänge oft meilenweit. Zur Blütezeit beleben sie die Landschaft durch die Vielzahl ihrer bis zu 7 cm breiten, weißen, rosa- oder purpurroten Blüten, die allerdings zart und leicht vergänglich sind. In der Mitte der fünf Kelch- und Kronblätter wird der fünffächerige Fruchtknoten von zahlreichen Staubblättern umgeben, deren Filamente sich durch eine auffallende Reizempfindlichkeit auszeichnen. Sie stehen normalerweise dicht beieinander. Berührt jedoch ein blütenbesuchendes Insekt mit dem Rüssel oder den Beinen die Staubfäden, so spreizen sie rasch auseinander, um nach einiger Zeit wieder in die Ausgangsposition zurückzukehren. Mit einem dünnen Grashalm lässt sich auch beim heimischen Sonnenröschen diese interessante Reaktion auslösen und vor allem bei Sonnenschein sehr schön beobachten.

Das aus Drüsenhaaren von Zweigen, Trieben, Blättern und Kelchblättern der Aschgrauen Zistrose, der Lack-Zistrose [*Cistus ladanifer* L.] und anderer Arten ausgeschiedene Harz hat einen balsamischen Duft und einen bitteren Geschmack. Es war als zusammenziehende, blutstillende und schleimlösende Arznei auch dem griechischen Arzt Dioskorides (1. Jahrhundert n. Chr.) bekannt. Unter den Bezeichnungen Ladanum – daran erinnert der lateinische Artname der Lack-Zistrose – oder Labdanum stand es in hohem Ansehen. Früher sammelte man die klebrige Masse durch Auskämmen der Bart- und Schenkelhaare von Ziegen, die in den Zistrosengebüschen geweidet und mit ihrem Fell die Pflanzensekrete aufgenommen hatten. Auch zog man Stricke und Lederriemen durch die Sträucher oder kämmte sie mit rechenähnlichen Geräten aus, die anstelle von Holzzähnen mit Lederstreifen versehen waren. Heute werden die für die Parfüm-, Seifen- oder Tabakindustrie interessanten ätherischen Öle des Ladanumharzes meist direkt durch Wasserdampfdestillation aus den Blättern gewonnen.

In biblischen Zeiten war das Harz ein wichtiges Handelsprodukt, wie auch die beiden folgenden Zitate belegen: Der arme Josef steckte bereits in der leeren Zisterne, und kurz bevor er für 20 Silberstücke von seinen Brüdern verkauft wurde, wird berichtet (Genesis 37,25): „Als sie dann beim Essen saßen und aufblickten, sahen sie, daß gerade eine Karawane von Ismaelitern aus Gilead kam. Ihre Kamele waren mit Tragakant, Mastix und Ladanum beladen. Sie waren unterwegs nach Ägypten." Das wohlriechende Produkt war auch unter den Gaben, die Josefs Brüder auf ihrer zweiten Reise ins Land der Pharaonen mit sich führten (Genesis 43,11): „Nehmt von den besten Erzeugnissen des Landes in eurem Gepäck mit ...: etwas Mastix, etwas Honig, Tragakant und Ladanum, Pistazien und Mandeln."

Aschgraue Zistrose / 135

MADONNENLILIE, WEISSE LILIE *(Lilium candidum)*
Familie: Liliengewächse *(Liliaceae)*

Ursprünglich wohl aus dem Libanon und Nordpalästina stammend, erstreckt sich heute ihr Vorkommen auf das östliche Mittelmeergebiet von Korsika bis Griechenland und reicht über Kleinasien bis zum Irak und Kaukasus. Bereits in den Hochkulturen des Vorderen Orients galt die Weiße Lilie als Symbol der Schönheit, und bildliche Darstellungen reichen mindestens bis 1750 v. Chr. zurück. In Ägypten schätzte man die Art wegen ihres Duftes und pflanzte sie im großen Umfang zur Gewinnung von Parfüm an, wie unter anderem Wandreliefs aus der Zeit zwischen 664 und 525 v. Chr. erkennen lassen.

In der griechischen Mythologie wurde der Weißen Lilie göttliche Herkunft zugeschrieben: Als Hera, die Gemahlin des Zeus, im Schlaf dem kleinen Herakles die Brust gab, ergoss sich ein großer Strahl auf den Himmel und wurde zur Milchstraße. Einige Tropfen aber fielen auf die Erde und wuchsen zu Lilien heran. Auf ähnliche Weise – durch die Milch Marias – soll ja auch die Weißstreifung auf den Blättern der Mariendistel entstanden sein (siehe dort). Zier- und Heilpflanze zugleich war die Weiße Lilie ebenfalls bei den Römern, die sie vielleicht über die Alpen brachten. Romantischer ist allerdings die Vorstellung, dass ihre Zwiebeln in der Satteltasche eines jungen Kreuzritters den Weg zu uns fanden, der damit seiner wartenden Geliebten eine Freude machen wollte. Jedenfalls gehört die Art zu den ältesten in Deutschland kultivierten Zierpflanzen.

Wunderschön ist sie in der Tat mit ihrem reichbeblätterten, 60–150 cm hohen Stängel, an dem sich im Juni/Juli bis zu 20 makellos weiße, mit goldgelben Staubbeuteln geschmückte und zudem noch köstlich duftende Trichterblüten entfalten! Kein Wunder, dass schon die lateinischen Kirchenväter die Weiße Lilie mit christlicher Symbolik versahen, dass sie in der katholischen Kirche seit eines päpstlichen Erlasses im 17. Jahrhundert bis heute als Sinnbild für himmlische Reinheit, Unschuld und Keuschheit gilt. Dort wie in der Kunst wurde sie vor allem zum Attribut der Mutter Jesu, zur Madonnen- oder Marienlilie. Auf Gemälden Marias oder von Mariae Verkündigung (Leonardo da Vinci, Botticelli, Tizian, Holbein, Grünewald, Dürer und andere) ist fast immer die Weiße Lilie

Matthias Grünewald, *Stuppacher Madonna*, 1518, Öl auf Leinwand, Pfarrkirche Mariä Himmelfahrt in Stuppach bei Bad Mergentheim. Maria sitzt mit dem Jesuskind unter einem Granatapfelbaum; im Vordergrund unten rechts erkennt man Rosen und Weiße Lilien.

zu sehen! Doch auch der heilige Josef wird oft mit einem Lilienstängel („Josefslilie") in der Hand dargestellt, als „Aloysiuslilie" trägt sie ebenfalls der heilige Aloysius – der Schutzpatron der studierenden Jugend seit 1729. Hinzu kommt, dass der Aloysiustag (21. Juni) in die Blütezeit der Art fällt.

Der Abt Walahfrid Strabo kultivierte die Weiße Lilie im Klostergarten auf der Insel Reichenau. Er bedichtet sie in seinem zwischen 842 und 849 entstandenen *Hortulus* und preist ihre schon in der Antike geschätzte Heilkraft bei Schlangenbissen, Quetschungen und verrenkten Gliedern.

Die umfangreichen Diskussionen und Auseinandersetzungen, ob die im Alten wie im Neuen Testament vielfach genannten Lilien wirklich Weiße Lilien waren und nicht etwa Rosen, Hyazinthen, Narzissen oder Schwertlilien, sollen hier nicht weiter dargelegt werden. Erfreuen wir uns einfach – wie die Menschen zu biblischen Zeiten – an der Schönheit der Madonnenlilie und an ihrem abendlichen Duft. Ihr Motiv schmückte den Tempel Salomos (1. Könige 7,19): „Die Kapitelle oben auf den Säulen hatten die Form einer Lilienblüte", und im Hohelied (2,1–2) ist zu lesen: „Ich bin eine Blume auf den Wiesen des Scharon, eine Lilie der Täler. Eine Lilie unter Disteln ist meine Freundin unter den Mädchen." Heilvoll verkündet Jesaja (35,1–2): „Die Wüste und das trockene Land sollen sich freuen, die Steppe soll jubeln und blühen. Sie soll prächtig blühen wie eine Lilie, jubeln soll sie, jubeln und jauchzen." Mahnend spricht Jesus bei Matthäus (6,28–30): „Und was sorgt ihr euch um eure Kleidung? Lernt von den Lilien, die auf dem Feld wachsen: Sie arbeiten nicht und spinnen nicht. Doch ich sage euch: Selbst Salomo war in all seiner Pracht nicht gekleidet wie eine von ihnen. Wenn aber Gott schon das Gras so prächtig kleidet, das heute auf dem Feld steht und morgen ins Feuer geworfen wird, wieviel mehr dann euch, ihr Kleingläubigen!"

Unter dem Namen „Weiß Gilgen" bildet Leonhart Fuchs die Weiße Lilie im *New Kreüterbuch* ab. Sie war zu seiner Zeit „allenthalben gemein und fast in allen gaerten gepflantzt". Er empfiehlt die in Öl oder Essig gesottenen Wurzeln und Blätter unter anderem gegen Brandwunden, Geschwüre, Haarschuppen und Hühneraugen sowie allgemein zur Wundheilung.

ARABISCHER WEIHRAUCHBAUM *(Boswellia sacra)*, ABESSINISCHE oder ARABISCHE MYRRHE
(Commiphora abyssinica)
Familie: *(Burseraceae)*

Gold, Weihrauch und Myrrhe: Wir alle kennen diese Gaben an das Christuskind aus der Weihnachtsgeschichte (Matthäus 2,11). Wohl jeder hat die Namen der genannten Harze schon einmal gehört und manche werden sich an ihren Duft erinnern. Doch von welchen Pflanzen stammen sie?

Weihrauch wird im Wesentlichen vom Arabischen Weihrauchbaum (*Boswellia sacra* FLUECK.) gesammelt, einem Strauch oder kleinen Baum aus Südarabien und Somalia. Er besitzt unpaarig gefiederte Blätter, zwischen denen sich die Blütenstände entfalten. Sie bestehen aus fünfzähligen Zwitterblüten von grünlich-weißer Farbe, die meist dreifächerigen Steinfrüchte sind etwa 10 mm lang.

Bei natürlichen oder künstlich durch Anritzen der Stammrinde verursachten Verletzungen tritt ein zähflüssiger Wundsaft aus, der an der trockenen und heißen Luft bald zu Tropfen oder Klumpen erstarrt. Diese Substanz, die in der Fachliteratur als Olibanum bezeichnet wird, liefert den begehrten Weihrauch. Er enthält etwa 60–70 Prozent Harze, 27–35 Prozent Gummi und drei bis acht Prozent ätherische Öle, die letztlich beim Verbrennen den angenehmen Duft verursachen.

Weihrauch und Myrrhe sind seit Jahrtausenden hochgeschätzte Produkte. Sie waren Anlass für eine der frühesten Handelsrouten der Menschheit: die Weihrauchstraße! Sie verband Südarabien und die gegenüberliegende Küste Afrikas mit den Hochkulturen im östlichen Mittelmeerraum und darüber hinaus.

Bereits im 17. Jahrhundert v. Chr. wurde Weihrauch durch Araber, Phönizier und andere Handel treibende Völker auf dem See- und Landweg sozusagen in alle Welt verbreitet. Bekannt ist die von der Königin Hatschepsut um 1470 v. Chr. veranlasste Expedition nach dem Lande Punt (Somali-Südarabien). Bis an den Rand mit exotischen Gütern beladen, kehrten die Schiffe nach Ägypten zurück. Darunter waren auch 31 Weihrauchbäume, die sie vor ihrem Totentempel einpflanzen ließ. Weihrauch stand als Arznei gegen Erkältungen, Ausschläge etc., vor allem aber als Räucherwerk im kultischen Bereich vieler Völker in hohem Ansehen. Diesen zeremoniellen Gebrauch haben später neben der römisch- und der griechisch-katholischen Kirche auch andere Religionsrichtungen übernommen.

Im Land der Bibel gehörte Weihrauch zu den Schätzen des Tempels (Nehemia 13,15). Genaue Anweisungen über die Zusammensetzung des heiligen Räuchermittels erfahren wir von Mose (Exodus 30,34–35): „Nimm dir Duftstoffe, Staktetropfen, Räucherklaue, Galbanum, Gewürzkräuter und reinen Weihrauch, von jedem gleich viel, und mach Räucherwerk daraus, ein Würzgemisch, wie es der Salbenmischer herstellt, gesalzen, rein und heilig."

Myrrhe wird seit undenklichen Zeiten aus mehreren *Commiphora*-Arten gewonnen, deren Hauptverbreitungsgebiet im nördlichen Afrika und in Arabien liegt. Vor allem arabische Seefahrer und Händler machten mit dem balsamisch duftenden Harz einträgliche Geschäfte.

Anhand der Abessinischen oder Arabischen Myrrhe (*C. abyssinica* ENGL.) soll kurz auf einige botanische Merkmale hingewiesen werden. Das in Äthiopien und Arabien beheimatete Bäumchen trägt an seinen sparrigen und spitzdornigen Zweigen meist dreizählige Blätter. Aus den winzigen, trichterförmigen Zwitterblüten, die oft aus den Achseln der verdornenden Seitensprosse entspringen, gehen kugelige, an kleine Oliven erinnernde Früchte hervor.

Ähnlich wie Weihrauch geerntet und verwendet, stellte Myrrhe vor allem wegen ihrer schmerzstillenden, betäubenden und entzündungshemmenden Eigenschaften ein wichtiges Arzneimittel dar. Unter anderem nutzte man sie – wie heute noch – als Gurgelwasser bei Zahnfleischerkrankungen und gegen Darminfektionen.

Myrrhe war Räucherwerk in den Heiligtümern des alten Ägypten wie in den biblischen Tempeln. Jeremia (6,20) erwähnt sie in seiner Zornesrede: „Was soll mir der Weihrauch aus Saba und das gute Gewürzrohr aus fernem Land? Eure Brandopfer gefallen mir nicht, eure Schlachtopfer sind mir nicht angenehm." Schließlich begleitete die Myrrhe Jesus von seiner Geburt bis zu seinem Tod: Vor der Kreuzigung „reichten sie ihm Wein, der mit Myrrhe gewürzt war; aber er nahm ihn nicht", berichtet Markus (15,23). Zu seiner Beisetzung, schreibt Johannes (19,39), brachte Nikodemus „eine Mischung aus Myrrhe und Aloe, etwa hundert Pfund".

ZITRONELLAGRAS *(Cymbopogon nardus)*
Familie: *Süßgräser (Poaceae)*

Die Art ist in Indien und auf Sri Lanka beheimatet. Sie ist nur eine von zahlreichen weiteren Vertretern der in den Tropen und Subtropen Asiens und Afrikas verbreiteten Gräsergattung, deren oberirdische Teile ätherische Öle enthalten. Diese sogenannten „Grasöle" befinden sich in Ölzellen der Blätter sowie der Blütenstände und werden seit Jahrhunderten durch Destillation gewonnen.

Zitronellagras, auch Zitronell- oder Narden-Bartgras genannt, wird in Sri Lanka, auf der Malaiischen Halbinsel, auf Java und den Seychellen angebaut. Schon die Blätter entfalten beim Zerreiben eine angenehme „Zitronen-Rosen-Duftmischung". Zitronellöl ist in der Parfümerie sowie für die Anfertigung von Seifen, Lacken, Insektiziden, Sprays, Desinfektionsmitteln, Schuhwichsen etc. von Bedeutung. Um 1675 nutzten es bereits die Holländer als verdauungsfördernde Arznei.

Wirtschaftlich wichtig ist vor allem noch das gerne als Würz- und Teepflanze verwendete Westindische Zitronengras *(Cymbopogon citratus* [DC. ex NEES] STAPF). Kultiviert von Indien bis Malaysia, auf Mauritius, Madagaskar und den Westindischen Inseln, gewinnt man aus ihm das „Westindische Lemongrasöl", das zum Parfümieren von Seifen und Kosmetikartikeln sowie für Geschmacksstoffe und medizinische Präparate (Angina Pectoris, Altersherz) verwendet wird. Das im Öl etwa zu 75 Prozent enthaltene Citral benutzt man zur Herstellung von Ionon, dem synthetischen Veilchenduft des Parfümhandels.

In Ägypten, in der Antike wie als „Gewürzrohr" im Land der Bibel, erfreuten sich duftende Gräser und ihre Öle im täglichen Leben als Kosmetika, Gewürze oder Heilmittel großer Beliebtheit. Sie waren aber auch wichtig im religiösen Bereich.

Für uns heute nahezu unverständlich und fast so geheimnisvoll wie ein Rezept aus einer mittelalterlichen Alchemistenküche mutet die Vorschrift an, die Mose übermittelt wurde (Exodus 30,23–25): „Nimm dir Balsam von bester Sorte: fünfhundert Schekel erstarrter Tropfenmyrrhe, halb soviel, also zweihundertfünfzig Schekel, wohlriechenden Zimt, zweihundertfünfzig Schekel Gewürzrohr und fünfhundert Schekel Zimtnelken, nach dem Schekelgewicht des Heiligtums, dazu ein Hin Olivenöl, und mach daraus ein heiliges Salböl, eine würzige Salbe, wie sie der Salbenmischer bereitet. Ein heiliges Salböl soll es sein."

Als sich Jeremia (6,20) über den Unglauben seines Volkes beklagt, heißt es: „Was soll mir der Weihrauch aus Saba und das gute Gewürzrohr aus fernem Land? Eure Brandopfer gefallen mir nicht, eure Schlachtopfer sind mir nicht angenehm." Schließlich stellt Ezechiel (27,19) fest: „Wein aus Usal gaben sie für deine Waren. Gehämmertes Eisen, Zimt und Gewürzrohr gehörte zu deinen Handelswaren."

UFERPFLANZEN

PAPYRUS-STAUDE, PAPYRUS *(Cyperus papyrus)*
Familie: Sauer- oder Riedgräser *(Cyperaceae)*

Aus ihren Heimatgebieten im tropischen Afrika und im Sudan wurde die Art schon im Altertum nach Ägypten gebracht und entlang des Nils sowie besonders in seinem Delta angesiedelt. Sie war Sinnbild und Wappenzeichen Unterägyptens, zugleich Opfergabe bei religiösen Feiern. Später ist Papyrus auch in Syrien und Kleinasien sowie im Mittelalter in Süditalien, Sizilien und Malta angepflanzt worden, doch hat er sich auf europäischem Boden nur in Sizilien bis heute gehalten.

Rasch wurde die 2–5 m hohe Staude mit ihren bis zu 10 cm dicken dreikantigen Stängeln, die am Ende einen Schopf von Hochblättern und Blütenständen tragen, zu einer sehr wichtigen Nutzpflanze des alten Ägypten. Unzählige Darstellungen und Abbildungen heben diese Bedeutung hervor. Die damals ausgedehnten Papyrussümpfe waren nicht nur Stätten ritueller Vogeljagden und Fischfänge, nicht nur Orte fröhlicher Feste oder heimlicher Stelldicheins – sie lieferten vor allem das Ausgangsmaterial zur Herstellung von Papyrus. Seine Anfertigung war bereits um 2500 v. Chr. bekannt und wurde bis ins 11. Jahrhundert n. Chr. betrieben. Dazu entfernte man die äußere grüne Rinde und spaltete das Stängelmark der Länge nach in dünne Streifen. Bei einer mehrtägigen Lagerung unter Wasser erfolgte durch Bakterien ein partieller Abbau der die Zellen miteinander verbindenden Mittellamellen. Danach wurden die Streifen parallel dicht nebeneinandergelegt und rechtwinklig dazu mit einer zweiten gleichartigen Streifenschicht abgedeckt. Durch leichtes Klopfen, Reiben und Pressen verbanden sich beide Lagen fest miteinander, wobei die gelartigen Abbauprodukte der Lamellen wie „Tapetenkleister" wirkten. Abschließend poliert und getrocknet, lieferten diese 40–48 cm breiten Papyrus-Blätter ein hervorragendes und unter den extrem trockenen Wüstenbedingungen äußerst haltbares Schreibmaterial. Sie wurden zu langen Bändern aneinandergeklebt und aufgerollt. Berühmt ist zum Beispiel der 20 m lange Papyrus Ebers, der 877 Verordnungen für 250 Krankheiten zusammenstellt. Zum Beschreiben wie zum Lesen rollte man sie an einem Ende ab und wickelte sie am anderen auf einen zweiten Stab auf.

Auch in anderer Hinsicht wurde die Papyrus-Staude vielfältig genutzt. Junge Wurzelstöcke wurden gegessen, ältere dienten als Brennstoff. Aus der Stängelrinde fertigte man Stricke und Matten, aber auch kunstvoll geflochtene Körbe oder Sandalen, wie sie im Grab Tutanchamuns gefunden wurden. Die festen, elastischen und lufthaltigen Stängel boten ein ausgezeichnetes Baumaterial für Schiffe, wie sie noch heute auf dem Tschadsee hergestellt werden. Nach altägyptischen Vorbildern ließ der Norweger Thor Heyerdahl 1969 das Papyrusschiff „Ra I" von 15 m Länge und 5 m Breite anfertigen. Gemeinsam mit einer internationalen Mannschaft wollte er den Beweis führen, dass es schon im Altertum möglich war, von Nordafrika aus auf dem Seeweg den amerikanischen Kontinent zu erreichen. Der erste Versuch scheiterte, da das Boot nach zurückgelegten 5000 km von einem Sturm stark beschädigt wurde. Erst mit „Ra II" gelang die rund 6000 km weite Überfahrt: das Anfang Mai 1970 gestartete Schiff landete nach 53 Tagen in dem auf der Insel Barbados liegenden Hafen Bridgetown!

In der Bibel gibt es verschiedene Hinweise auf unsere Pflanze. Eindeutig ist Jesaja (18,1–2): „Weh dem Land der Heuschreckenschwärme jenseits der Flüsse von Kusch [= der heutige Sudan mit Teilen Äthiopiens]. Es schickt seine Boten aus auf dem Nil, in Papyruskähnen über das Wasser." Etwas unklar wird bei Ijob (8,11) gefragt: „Wächst ohne Sumpf das Schilfrohr hoch, wird Riedgras [in anderen Bibelübersetzungen als „Nilgras" bezeichnet] ohne Wasser groß?" Und ob das bekannte Körbchen des Moses (Exodus 2,3) aus Papyrus oder aus einem anderen Sumpfgewächs bestand, wird in der Literatur unterschiedlich interpretiert: „Als sie es nicht mehr verborgen halten konnte, nahm sie ein Binsenkästchen, dichtete es mit Pech und Teer ab, legte den Knaben hinein und setzte ihn am Nilufer im Schilf aus." Mose jedenfalls wurde 120 Jahre alt und hat vermutlich manche seiner Botschaften auf Papyrus geschrieben, von dem unser Papier seinen Namen hat.

Den Griechen war das weiße Stängelmark bzw. das aus der phönizischen Stadt Byblos zu ihnen gelangte Schreibmaterial als *byblos* bekannt. Daher nannten sie aus Papyrus gefertigte Bücher *bybla*, ein Wort, von dem sich die Bezeichnung für die Bibel ableitet. Insofern ist Papyrus ohne Frage eine Bibelpflanze par excellence.

ROHRKOLBEN *(Typha-Arten)*
Familie: **Rohrkolbengewächse** *(Typhaceae)*

Wer kennt nicht ihre wunderschönen „Kolben", die sich zur Zimmerdekoration oder in Trockengestecken großer Beliebtheit erfreuen? Es handelt sich dabei um die auffälligen Blütenstände der 10–12 verschiedenen *Typha*-Arten, die in den Verlandungszonen seichter Gewässer nahezu weltweit verbreitet sind. So findet man hierzulande: den Laxmanns Rohrkolben (*T. laxmannii* LEPECH.), den Zwerg-Rohrkolben (*T. minima* FUNCK) und den bei uns am häufigsten anzutreffenden und daher hier kurz vorgestellen Breitblättrigen Rohrkolben (*T. latifolia* L.).

Rohrkolben: Blütenstand (a) mit einem männlichen Kolben oben (b) und einem weiblichen Kolben unten (c), dessen Fruchtknoten sich zur Fruchtreife zu perfekten Flugfrüchten (d) entwickeln.

Die ausdauernde Pflanze bildet an ihren unterirdischen Ausläufern aufrechte, schilfähnliche Stängel von 1–2,5 m Höhe. Seine bis zu 3 m langen, meist blaugrünen Blätter (a) sind 10–20 mm breit und so lang oder etwas länger wie der Blütenstand (b). An ihm lassen sich ein oberer männlicher Kolben (b) und ein unterer weiblicher Kolben (c) unterscheiden. Beide

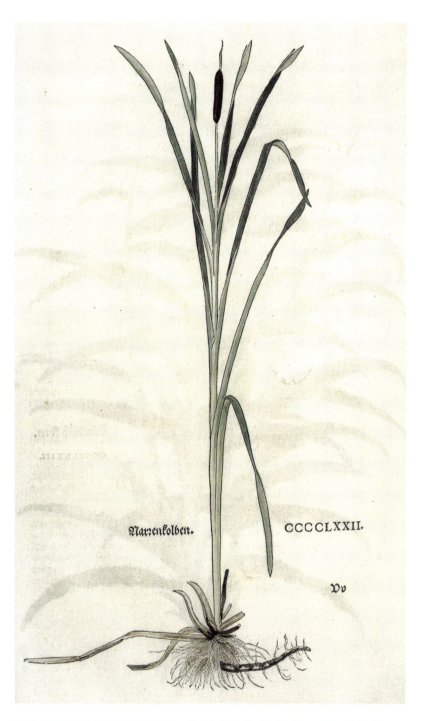

Leonhart Fuchs zeigt den Rohrkolben in seinem *New Kreüterbuch* unter dem Namen „Narzenkolben".

grenzen dicht aneinander, nur selten sind sie durch einen kurzen blütenlosen Achsenabschnitt voneinander getrennt. Während der Blütezeit ist der männliche Teil von den dichtgedrängten Staubbeuteln gelb gefärbt und deutlich dicker als der weibliche mit seinen jetzt noch winzigen, in braune Haare eingebetteten Fruchtknoten. Zur Fruchtreife ist es genau umgekehrt: Vom männlichen Kolben sieht man nur noch die mehr oder weniger kahle Achse, der weibliche Kolben dagegen hat sich verdickt. Die zahllosen Fruchtknoten haben sich unter Streckung von Griffel und Stiel sowie durch eine starke Verlängerung der ansitzenden Haare zu perfekten Flugfrüchten (d) entwickelt. Als dicht zusammengepresste Massen sitzen sie im Kolben, der sie schließlich in ganzen Wolken zum Spiel der Winde werden lässt.

In vielen Ländern dienen die Stängel der verschiedenen *Typha*-Arten zum Decken von Dächern oder als Brennmaterial, nutzte man die Blätter zum Flechten von Matten und Körben oder zum Abdichten von Holzfässern. In manchen Gegenden Europas stopften früher die ärmeren Leute ihre Betten nicht mit Daunen, sondern mit der „Fruchtwolle" der Kolben. Sie half auch beim Feuermachen mit Stein und Stahl.

Auf den Bildern alter Meister ist öfter der dornengekrönte Christus mit einem Rohrkolben in den Händen dargestellt. In Schwaben, Bayern und Österreich war er Bestandteil der an Mariä Himmelfahrt geweihten Kräuterbüschel und wurde danach als „Kreuzkolben", „Unseres Herrn Rohr" oder „Spottrohr" hinter das Kruzifix der Wohnstuben gehängt. War es also doch kein Schilfrohr (siehe dort), sondern eher ein *Typha*-Stängel, mit dem Jesus nach Matthäus (27,29–30) verspottet und geschlagen wurde? Dann könnte es der dort häufige Santo-Domingo-Rohrkolben (*T. domingensis* [PERS.] STEUD.) gewesen sein. Ebenso gehen die Meinungen auseinander, ob aus dieser Pflanze oder aus der Papyrus-Staude (siehe dort) das Körbchen angefertigt war, in dem Mose von seiner Mutter versteckt und später von Pharaos Tochter gefunden und gerettet wurde (Exodus 2,2–3): „Sie wurde schwanger und gebar einen Sohn. Weil sie sah, dass es ein schönes Kind war, verbarg sie es drei Monate lang. Als sie es nicht mehr verborgen halten konnte, nahm sie ein Binsenkästchen, dichtete es mit Pech und Teer ab, legte den Knaben hinein und setzte ihn am Nilufer im Schilf aus."

SCHILFROHR, GEWÖHNLICHES SCHILF
(Phragmites australis)
Familie: Süßgräser *(Poaceae)*

Außerhalb der arktischen und antarktischen sowie vieler tropischer Regionen ist diese Uferpflanze weltweit verbreitet. Sie wird 2–3 m hoch und besitzt meist überhängende, bis zu 50 cm lange Blütenrispen (a). Aus dem Mittelmeergebiet (vom Iran bis Arabien, Kenia und Äthiopien) kennt man eine riesige Unterart (subsp. *altissimus)*, deren Halme oft bis zu 6 m, zuweilen bis zu 10 m Höhe erreichen.

Schilfrohr: Blütenrispen (a), Grundachsen (b) mit Ausläufern.

Eine wichtige Eigenschaft des Schilfs ist die Bildung von meterlang kriechenden Grundachsen (b) und Ausläufern. Dies ermöglicht die rasche Besiedlung der Verlandungszonen von stehenden oder langsam fließenden Gewässern und führt zu riesigen Beständen (Röhricht), die Jahrhunderte alt werden können. Wegen dieser starken Bestockungsfähigkeit wird die Art daher auch zum Schutz von Ufern und zur Landgewinnung gepflanzt.

Ein beeindruckendes Beispiel liefert der Ijsselmeerpolder in Holland: Von Hubschraubern aus wurde der trockengelegte Meeresboden mit zerkleinerten Fruchtrispen besät und innerhalb von drei Jahren bildeten sich ausgedehnte Schilffelder. In den folgenden sieben Jahren erhöhte sich der Meeresboden um durchschnittlich einen Meter und konnte danach in fruchtbares Ackerland verwandelt werden. Von großer industrieller Bedeutung ist Schilfrohr überdies zur Herstellung von Zellulose, Kartons, chemischen und pharmazeutischen Produkten sowie von Pressplatten zur Wärme- und Schallisolierung. Auf der Schwäbischen Alb nutzte man es als „Ipserrohr" zur Festigung von Gipswänden und noch heute werden in Norddeutschland viele Hausdächer kunstvoll mit Schilf abgedeckt (Reetdächer).

Schon im Altertum dienten Schilfhalme zur Fertigung von Pfeilschäften, wie man sie im Grab von Tutanchamun fand, aber auch von Federhaltern, Mundstücken von Blasinstrumenten, Webspulen, Matten, Zäunen und vielen anderen Dingen.

In der Bibel wird Schilfrohr mehrfach genannt. Es könnte daher unsere Art gewesen sein, wenn zum Beispiel Ägypten mit einem „geknickten Schilfrohr" verglichen wird (2. Könige 18,21), oder es an anderer Stelle heißt (1. Könige 14,15): „Der Herr wird Israel schlagen, dass es schwankt wie das Rohr im Wasser ..." Ähnliches gilt für den sehr bewegenden, allgemein bekannten Text bei Matthäus 27,29–30: „Dann flochten sie einen Kranz aus Dornen; den setzten sie ihm auf und gaben ihm einen Stock [in anderen Bibelübersetzungen als „Rohr" bezeichnet] in die rechte Hand. Sie fielen vor ihm auf die Knie und verhöhnten ihn, indem sie riefen: Heil dir, König der Juden! Und sie spuckten ihn an, nahmen ihm den Stock wieder weg und schlugen ihn damit auf den Kopf."

GEWÖHNLICHE TEICHBINSE *(Schoenoplectus lacustris)*
Familie: Sauer- oder Riedgräser *(Cyperaceae)*

Zwischen 60 und 80 Arten umfasst die Gattung *Schoenoplectus*, und manche davon sind im Uferbereich stehender und fließender Gewässer Vorderasiens und des Mittelmeergebiets anzutreffen. Dazu gehört auch die weltweit verbreitete Gewöhnliche Teichbinse. Aus ihrer kriechenden, der Verankerung dienenden Grundachse gehen runde, dunkelgrüne und markige Stängel hervor, die eine Höhe von 3–4 m erreichen können. Am oberen Ende entspringen scheinbar seitenständig die Blütenstände. Die winzigen Zwitterblüten mit ihren rotbraunen Tragblättern bilden gestielte, kopfig zusammengedrängte Ährchen. Seit alter Zeit werden die Stängel zur Herstellung von Matten, Körben, Hausschuhen, Fischreusen, Binsenbooten und anderen Flechtarbeiten genutzt. Beliebt waren früher auch Lampendochte aus Binsenmark.

Nach Zohary (1982) ist die Gewöhnliche Teichbinse im Land der Heiligen Schrift recht häufig und zudem die auffallendste *Schoenoplectus*-Art. Möglich, dass sich die folgenden Bibelzitate aus Jesaja auf diese Pflanze beziehen (9,13–14): „Da schnitt der Herr dem Volk Israel den Kopf und den Schwanz ab, Palmzweig und Binse am selben Tag. Die Ältesten und Vornehmen, sie sind der Kopf; der Schwanz sind die Propheten, die Lügen verkünden." (58,5): „Ist das ein Fasten, wie ich es liebe, ein Tag, an dem man sich der Buße unterzieht: wenn man den Kopf hängen läßt, so wie eine Binse sich neigt ...?"

DISTELN UND DORNEN

GROSSE BRENNNESSEL *(Urtica dioica)*
Familie: Brennnesselgewächse *(Urticaceae)*

Wir alle haben schon einmal mit ihren Brennhaaren schmerzhafte Erfahrungen gesammelt. Sie ist, wie es schon um 1600 in Deutschland hieß, „sogar bei Nacht am Griff zu erkennen". Man begegnet der bis zu 2 m hohen Pflanze, die daher auch als Große Brennnessel bezeichnet wird, auf Schutt- und Müllplätzen, an Gräben, Zäunen und Wegen. Da sie nährstoffreiche Böden bevorzugt, gilt sie bei den Botanikern als Stickstoffanzeiger, bei den Katzenliebhabern als „Hundepromenadenpflanze". Unter dem Namen „Heyternessel" ist die Art bereits in den beiden Arzneipflanzenbüchern von Leonhart Fuchs (1542 und 1543) als Holzschnitt wiedergegeben. Abgebildet sind ebenfalls die Kleine Brennnessel (*U. urens* L.) sowie die bei uns nicht heimische Pillen-Brennnessel (*U. pilulifera* L.). Alle drei, meint Fuchs, seien unter anderem nützlich gegen „das har außfallen", „gut zu dem podagra und allerley weetagen der glider" und nicht zuletzt „treiben sie den Harn". In ähnlicher Weise werden die Blätter bis heute in der Volksheilkunde zur allgemeinen „Reinigung" des Körpers genutzt, dienen sie in der modernen Medizin als Mittel gegen Rheuma, Prostataprobleme und Reizblase.

Nicht immer ist die früher auch zur Fasergewinnung kultivierte Große Brennnessel, wie ihr wissenschaftlicher Artname andeutet, zweihäusig oder diözisch (d. h., weibliche und männliche Blüten sind auf verschiedene Pflanzenindividuen verteilt). Es wurden auch schon gemischtblütige Blütenstände gefunden, wie sie für die Kleine Brennnessel typisch sind. In der Regel jedoch gibt es weibliche und männliche Pflanzen. Man muss bei den unscheinbaren Blüten allerdings schon genau hinsehen, um sie unterscheiden zu können. Die weiblichen (a) besitzen einen pinselförmigen Narbenschopf, der zum Auffangen des durch den Wind herangewehten Pollens dient. Bemerkenswerter sind die männlichen Blüten, deren vier Staubblätter ein regelrechter „Explosionsmechanismus" auszeichnet. Bei beginnender Blütenentfaltung sind die bogig nach unten gekrümmten Staubfäden zunächst noch wie eine elastische Feder zwischen dem zurückgebildeten Fruchtknoten und der vierzähligen Blütenhülle eingeklemmt (b). Mit zunehmender Reife aber steigt die

Unter dem Namen „Heyternessel" ist die Große Brennnessel in den Arzneipflanzenbüchern von Leonhart Fuchs als Holzschnitt wiedergegeben.

Gewebespannung in den Filamenten derart an, dass sie schließlich ruckartig nach außen schnellen. Dabei wird der Pollen aus den geöffneten Antherenfächern herausgeschleudert (c). Am besten lässt sich dieser Vorgang in den Morgenstunden beobachten, wenn die ersten Sonnenstrahlen auf die Blüten fallen.

Große Brennnessel: Weibliche Pflanzen (a) besitzen einen pinselförmigen Narbenschopf. Bei den männlichen Blüten sind die bogig nach unten gekrümmten Staubfäden zunächst wie eine elastische Feder zwischen Fruchtknoten und Blütenhülle eingeklemmt (b). Mit zunehmender Reife aber steigt die Gewebespannung in den Filamenten derart an, dass sie nach außen schnellen. Dabei wird der Pollen aus den Antherenfächern herausgeschleudert (c).

Obwohl wichtige Futterpflanzen für zahlreiche Schmetterlingsarten, waren Brennnesseln schon zu biblischen Zeiten nicht gerade geschätzt. Wie Disteln und Dornen standen sie unter negativen Vorzeichen. Als das Gericht über das Land Edom angekündigt wurde, heißt es bei Jesaja 34,13: „An seinen Palästen ranken sich Dornen empor, in den Burgen wachsen Nesseln und Disteln. Das Land wird zu einem Ort für Schakale, zu einem Platz für die Strauße." Später verkündet der Prophet 55,13: „Statt Dornen wachsen Zypressen, statt Brennnesseln Myrten."

GROSSE oder DRÜSENBLÄTTRIGE KUGELDISTEL
(Echinops sphaerocephalus)
Familie: Korbblütler *(Asteraceae)*

Stellvertretend für die im Alten wie im Neuen Testament oft zitierten „Disteln und Dornen", die sich ohnehin nur mit Vorbehalt näher bestimmen lassen, sei hier die Große Kugeldistel ausgewählt. Wie bei vielen anderen der rund 120 verschiedenen *Echinops*-Arten liegt ihr Verbreitungsschwerpunkt in Südeuropa, im Mittelmeergebiet und in Asien. Auch andere Gründe sprechen dafür, gerade diese Art näher zu betrachten: Als Zierpflanze steht sie heute in manchen Gärten, aus denen sie gelegentlich als „Gartenflüchtling" das Weite sucht. Man kann ihr daher hin und wieder sogar in der freien Natur begegnen. Auch die Imker werden zur Ausbreitung der Großen Kugeldistel beigetragen haben, da sie wegen ihres Nektarreichtums als ausgezeichnete Bienen- bzw. Trachtpflanze gilt.

Große Kugeldistel: Blütenstand aus einer von mehreren Hüllblättern umgebenen Blüte (a), bei der Kugeldistel treten viele dieser einblütigen Blütenstände zu einem imposanten Blütenstand höherer Ordnung (b) zusammen.

Die mehrjährige Pflanze erreicht mit ihrem meist sparrig verzweigten Stängel eine Wuchshöhe von 50–200 cm, doch sind auch 3 m hohe Exemplare bekannt. Ihre bis zu 40 cm langen Blätter zergliedern sich in

Leonhart Fuchs verdanken wir die erste Beschreibung und Abbildung der Großen Kugeldistel in der Geschichte der Botanik (*Historia stirpium*, 1542)! Zutreffend bezeichnet er sie in seinem *New Kreüterbuch* des Folgejahres als Welsch Distel (= „aus dem südlichen Ausland stammend").

gezähnte, jeweils mit kurzen Enddornen versehene Abschnitte. Ab Ende Juni bis September entfalten sich an den Stängelenden die kugeligen blauen „Blütenstände", die erst bei genauerem Hinsehen ihre Besonderheit erkennen lassen. Während sich bei den meisten Korbblütlern, wie etwa beim Gänseblümchen oder bei der Mariendistel (siehe dort), der Blütenstand oder Blütenkopf aus zahlreichen Einzelblüten zusammensetzt, ist es bei der Kugeldistel ganz anders: Bei ihr besteht der Blütenstand nur noch aus einer einzigen, von mehreren Hüllblättern umgebenen Blüte (a)! Allein schon diese Entwicklung vom vielblütigen zum einblütigen Blütenkopf ist erstaunlich genug. Noch beachtenswerter erscheint, dass nun bei der Kugeldistel viele dieser einblütigen Blütenköpfe oder Blütenstände wiederum zusammentreten. Das Ergebnis ist ein sehr ungewöhnliches Gebilde – ein kopfiger „Blütenstandsstand", also ein Blütenstand höherer Ordnung (b)!

„Dornen und Disteln läßt er dir wachsen", heißt die Verkündigung nach dem Sündenfall (Genesis 3,18), und wer seine Hände in den Schoß legte, bekam dies bald zu spüren (Sprüche 24,30–34): „Am Acker eines Faulen ging ich vorüber, am Weinberg eines unverständigen Menschen: Sieh da, er war ganz überwuchert von Disteln, seine Fläche mit Unkraut bedeckt, seine Steinmauer eingerissen. Ich sah es und machte mir meine Gedanken, ich betrachtete es und zog die Lehre daraus: Noch ein wenig schlafen, noch ein wenig schlummern, noch ein wenig die Arme verschränken, um auszuruhen. Da kommt schon die Armut wie ein Strolch über dich, die Not wie ein zudringlicher Bettler."

„Disteln und Dornen" galten zur Zeit des Alten Testaments als Symbol für Unheil, Untergang und Zerstörung. Eindringlich mahnten schon damals die Propheten das Land (Jesaja 7,23–25): „An jenem Tag wird jedes Grundstück, auf dem jetzt tausend Weinstöcke im Wert von tausend Silberstücken stehen, voll von Dornen und Disteln sein. Nur mit Pfeil und Bogen geht man dort hin; denn das ganze Land ist voll von Dornen und Disteln. Aus Angst vor den Dornen und Disteln geht man auf keinen von all den Bergen mehr ..." Hosea 10,8: „Verwüstet werden die unheilvollen Kulthöhen, diese Sünde Israels. Dornen und Disteln überwuchern ihre Altäre."

MARIENDISTEL *(Silybum marianum)*
Familie: Korbblütler *(Asteraceae)*

Obwohl die Mariendistel in der Heiligen Schrift nicht erwähnt wird, darf sie – allein schon vom Namen her – in einem Buch über biblische Pflanzen nicht fehlen. Ihre Benennung geht auf eine alte Legende zurück: Als Maria auf der Flucht nach Ägypten den kleinen Jesus stillte, fielen einige Milchtropfen auf die Distel und bewirkten die Weißstreifung ihrer Blätter. Viele weitere Volksnamen erinnern daran, wie zum Beispiel „Unser Frawen distel", „Muttergottesdistel", „Jungfrau-Distel", „Milchdistel" oder „Heilandsdistel". Ganz ähnlich wird in der griechischen Mythologie die Weißfärbung der Madonnenlilie erklärt – dort allerdings durch die Milch der Zeusgattin Hera.

Die Heimat der wärmeliebenden Mariendistel reicht von den Kanarischen Inseln über den gesamten Mittelmeerraum bis nach Iran und Syrien. Ihr aufrechter und meist verzweigter Stängel wird 60–120 cm hoch. Die länglich-elliptischen, oft buchtig gelappten Blätter sind glänzend grün gefärbt und mit ihrer weißen Marmorierung entlang der Nerven sowie durch ihre gelbe Randbedornung sehr auffallend. Einen hübschen Anblick bieten ebenfalls vom Juni bis in den September hinein die eiförmigen, bis 5 cm langen Blütenköpfe, die aus zahlreichen purpurfarbenen bis rosavioletten Einzelblüten bestehen. Gemeinsam werden sie von mehrreihig angeordneten Hüllblättern umgeben, die in einen langen, stechenden Dorn auslaufen.

Weniger als Zierpflanze, sondern vor allem als Arzneipflanze hat die Mariendistel schon im frühen Mittelalter Eingang in die Kloster- und Bauerngärten nördlich der Alpen gefunden. Als stechendes Gewächs galt sie nach der Signaturenlehre als Mittel gegen stechende Schmerzen des Herzens, der Leber oder in anderen Organen. Dazu dienten Aufgüsse der Früchte, die als „Marienkörner", „Frauensamen" oder „Stechkörner" bezeichnet wurden. In der Tat konnten moderne Untersuchungen den wichtigsten Inhaltsstoff (Silymarin) analysieren und seine Leberwirksamkeit bestätigen! Heute ist der nach speziellen Verfahren hergestellte Extrakt das am häufigsten verschriebene Lebermittel.

Dass Mariendistel-Tee bei Verdauungsbeschwerden hilfreich ist, wusste schon Leonhart Fuchs. In seinem *New Kreüterbuch*, dem die hier gezeigte Abbildung der Pflanze entnommen ist, lesen wir: „Die wurtzel gesotten und getruncken ist gut denen so ... einen bloeden magen haben / und die speiß nit wol behalten moegen."

Aus Gärten entwichen, kann die Mariendistel gelegentlich auf Schuttplätzen, an Wegrändern oder auf Äckern angetroffen werden. Schon zu biblischen Zeiten bedrohlich für den Ackerbau und daher ungeliebt, begegnen uns Dornen und Disteln an vielen Stellen in der Bibel, wie etwa im „Gleichnis vom Sämann", dessen Saat die Dornen erstickten (Matthäus 13,7). Sie versinnbildlichten ebenfalls Bestrafung und Ermahnung: Genesis 3,17–18: „Zu Adam sprach er: Weil du auf deine Frau gehört und von dem Baum gegessen hast, von dem zu essen ich dir verboten hatte: So ist verflucht der Ackerboden deinetwegen. Unter Mühsal wirst du von ihm essen alle Tage deines Lebens. Dornen und Disteln läßt er dir wachsen ..." Matthäus 7,15–16: „Hütet euch vor den falschen Propheten; sie kommen zu euch in Schafspelzen, innen aber sind sie reißende Wölfe. An ihren Früchten werdet ihr sie erkennen. Erntet man etwa von Dornen Trauben oder von Disteln Feigen?"

DORNIGER BECHERSTRAUCH *(Sarcopoterium spinosum)*,
Familie: Rosengewächse *(Rosaceae)*
GEWÖHNLICHER CHRISTDORN *(Paliurus spina-christi)*,
Familie: *Kreuzdorngewächse (Rhamnaceae)*

Man weiß nicht, welche Zweige zum Flechten der Dornenkrone verwendet wurden. Es könnte aber eine der folgenden drei Arten gewesen sein, auch unter dem Gesichtspunkt ihrer allgemeinen Verbreitung:

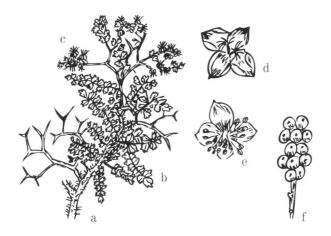

Dorniger Becherstrauch: dorniger Strauch (a) mit gefiederten Blättern (b) und kleinen Blüten (c). Die weiblichen Blüten (d) sitzen in der oberen Region, die männlichen Blüten (e) im unteren Bereich. Im Herbst reifen die zwei bis drei Samen enthaltenen Früchte zu einem 3–5 cm langen Fruchtstand (f).

Der Dornige Becherstrauch (*Sarcopoterium spinosum* [L.] SPACH [*Poterium spinosum* L.]) gehört zu den Rosengewächsen (*Rosaceae*). Die im Land der Bibel häufige und somit leicht „greifbare" Art dient seit alter Zeit als Brennmaterial sowie zur Einfriedung der Gärten. Der sparrige und sehr dornige Strauch (a) mit seinen gefiederten Blättern (b) wird nur 30–60 cm hoch. Die kleinen eingeschlechtigen Blüten sind ährenförmig angeordnet (c), wobei die weiblichen Blüten mit ihren roten, pinselförmigen Narben (d) stets in der oberen Region zu finden sind, während die staubblattreichen männlichen Blüten (e) im unteren Bereich sitzen. Im Herbst reifen die kugeligen, fleischigen und zwei bis drei Samen enthaltenen Früchte zu einem 3–5 cm langen Fruchtstand (f) heran.

Der Gewöhnliche Christdorn (*Paliurus spina-christi* MILL.) ist ein Kreuzdorngewächs (*Rhamnaceae*). Diese Pflanzenfamilie ist auch bei uns mit drei bekannten Arten vertreten, dem Purgier- oder Echten Kreuzdorn (*Rhamnus cathartica* L.), dem Felsen-Kreuzdorn (*R. saxatilis* JACQ.) und dem Faulbaum (*Frangula alnus* MILL.).

Paliurus spina-christi galt und gilt, wie die lateinische Artbezeichnung und der deutsche Name andeuten, ebenfalls als eine mögliche „Dornenkronen-Pflanze". Der 3–5 m Höhe erreichende Strauch ist im gesamten Südeuropa und Mittelmeergebiet bis hin zum Iran und Kaukasus beheimatet. Weniger wegen seiner wechselständigen, ganzrandigen bis leicht gezähnten Blätter oder der kleinen grünlichgelben Zwitterblüten wird er häufig zu Hecken verwendet, sondern vor allem wegen seiner zahlreichen und sehr spitzen Dornen. Sie sind aus Nebenblättern hervorgegangen und stehen daher zu beiden Seiten des Blattstiels. Regelmäßig ist der eine Dorn länger, gerade und schräg aufrecht orientiert, während der andere kurz und zurückgebogen ist. Von ihrer „Wirksamkeit" kann sich jeder beim Versuch überzeugen, ihre sehr ungewöhnlichen Früchte zu sammeln. In der Mitte aufgewölbt, sind sie ringsum mit einem breiten, welligen und oft roten Flügelsaum ausgestattet. Während längsgerichtete Flügel bei Früchten häufig vorkommen, gehört eine derartige querverlaufende Flügelung zu den botanischen Seltenheiten. Wegen ihrer ungewöhlichen Form, die fast an eine „fliegende Untertasse" erinnert, werden die Früchte des Christdorns auch als „Judaspfennige" bezeichnet.

Ein weiterer „Christusdorn" (*Ziziphus spina-christi* [L.] WILLD.), der in der Literatur auch als „Dorn-Jujube" oder „Judendorn" bezeichnet wird, kommt als „Dritter im Bunde" infrage. Ebenfalls ein Kreuzdorngewächs, ist der Strauch oder bis 10 m hohe Baum von Nordafrika über Westasien bis zum Iran verbreitet. Vom Gewöhnlichen Christdorn ist die gleichfalls mit spitzen Nebenblattdornen versehene Art leicht durch ihre gelben, olivenähnlichen und saftig-süßen Früchte zu unterscheiden. In großer Zahl fand man sie im Grab Tutanchamuns, und noch heute werden sie auf den einheimischen Märkten feilgeboten.

Dornsträucher begegnen uns in der Bibel an sehr vielen Stellen und unter recht unterschiedlichen Aspekten. Zum Thema „Bildung" etwa steht im Buch Kohelet 7, 5–6: „Besser die Mahnrede eines Gebildeten anhören, als dem Gesang der Ungebildeten lauschen; denn wie das Prasseln der Dornen unter dem Kessel, so ist das Lachen der Ungebildeten." Sie symbolisierten das Böse (Micha 7, 2–4): „Die hohen Beamten fordern Geschenke, die Richter sind für Geld zu haben, und die Großen entscheiden nach ihrer Habgier – so verdrehen sie das Recht. Noch der Beste unter ihnen ist wie eine Distel, der Redlichste ist schlimmer als Dorngestrüpp." Wüstendornen und Stechdisteln dienten zur grausamen Bestrafung (Richter 8, 7 und 16), und noch heute bewegen das Verhör und die Verurteilung Jesu in der Schilderung von Johannes 19,1–5: „Darauf ließ Pilatus Jesus geißeln. Die Soldaten flochten einen Kranz aus Dornen; den setzten sie ihm auf und legten ihm einen purpurroten Mantel um. Sie stellten sich vor ihn hin und sagten: Heil dir, König der Juden! Und sie schlugen ihm ins Gesicht. Pilatus ging wieder hinaus und sagte zu ihnen: Seht, ich bringe ihn zu euch heraus; ihr sollt wissen, dass ich keinen Grund finde, ihn zu verurteilen. Jesus kam heraus; er trug die Dornenkrone und den purpurroten Mantel. Pilatus sagte zu ihnen: Seht, da ist der Mensch!"

LITERATUR IN AUSWAHL

ALEXANDER, P. et al. (1987): Kleines Lexikon zur Bibel. – Wuppertal & Kassel (Oncken Verlag).

BAUMANN, B., H. BAUMANN & S. BAUMANN-SCHLEIHAUF (2001): Die Kräuterbuchhandschrift des Leonhart Fuchs. – Stuttgart (Verlag Eugen Ulmer).

BENGTSON, H. (1985): Philipp und Alexander der Große. Die Begründer der hellenistischen Welt. – München (Verlag Georg D. W. Callwey).

BERTSCH, K. (1941): Früchte und Samen. Ein Bestimmungsbuch zur Pflanzenkunde der vorgeschichtlichen Zeit. – Handbücher der praktischen Vorgeschichtsforschung Bd. 1. – Stuttgart (Verlag Ferdinand Enke).

BRANDSCH, H. (Hrsg.) (1990): Die Landgüterordnung Kaiser Karls des Großen. – Berlin (Deutscher Landwirtschaftsverlag).

BRÜCHER, H. (1977): Tropische Nutzpflanzen. Ursprung, Evolution und Domestikation. – Berlin, Heidelberg & New York (Springer-Verlag).

BRUNNER-TRAUT, E. (1981): Die Alten Ägypter. Verborgenes Leben unter Pharaonen. – 3. Aufl.; Stuttgart, Berlin, Köln & Mainz (Verlag W. Kohlhammer).

DE WIT, H. C. D. (1965/66): Knaurs Pflanzenreich in Farben. – 1. Bd.: Höhere Pflanzen I; 2. Bd.: Höhere Pflanzen II. (Deutsche Bearbeitung von H. PAUL). – Berlin, Darmstadt & Wien (Deutsche Buch-Gemeinschaft).

DOBAT, K. (1984): Berühmte Tübinger Botaniker zwischen 1535 und 1850. – Bausteine zur Tübinger Universitätsgeschichte, Folge 2 (Werkschriften des Universitätsarchivs Tübingen. Reihe 1, Heft 9), S. 7–47; Tübingen.

DOBAT, K. (1992): Leonhart Fuchs (1501–1566): Mitbegründer der modernen Botanik. – In: ALBRECHT, H. (Hrsg.): Schwäbische Forscher und Gelehrte. Lebensbilder aus sechs Jahrhunderten. S. 17–22, 129; Stuttgart (DRW Verlag).

DOBAT, K. (2000): Ein Leben für die Wissenschaft: Leonhart Fuchs (1501–1566). – Tübinger Blätter, 87. Jahrg., (2000/2001), S. 4–15; Tübingen.

DOBAT, K. & S. LELKE (1977): Der merk-würdige Strauch. – Tübingen (Verlag Schwäbisches Tagblatt).

DOBAT, K. & S. LELKE (1994): Der merk-würdige Baum. – 2. Aufl.; Tübingen (Verlag Schwäbisches Tagblatt).

DOBAT, K. & K. MÄGDEFRAU (1975): Vom Heilpflanzenbeet zum Neuen Botanischen Garten. Zur Geschichte der Tübinger Botanischen Gärten. – Attempto, Heft 55/56, S. 8–31; Tübingen (Attempto Verlag).

DRÖSCHER, V. B. (1987): ... und der Wal schleuderte Jona an Land. Die Tierwunder der Bibel naturwissenschaftlich erklärt. – 4. Aufl.; Hamburg (Rasch und Röhring Verlag).

DUVE, K. & T. VÖLKER (1999): Lexikon berühmter Pflanzen. – Zürich (Sanssouci im Verlag Nagel & Kimche).

FELDMAIER, C. (1967): Die neuen Lilien. – Stuttgart (Verlag Eugen Ulmer).

FISCHER-BENZON, R. v. (1894): Altdeutsche Gartenflora. Untersuchungen über die Nutzpflanzen des deutschen Mittelalters, ihre Wanderung und ihre Vorgeschichte im klassischen Altertum. – Kiel & Leipzig (Verlag von Lipsius & Tischer). Zur Verfügung stand der Nachdruck von 1972, Vaduz (Ständig Reprint Verlag).

FONCK, L. (1900): Streifzüge durch die biblische Flora. – Biblische Studien, 5. Bd., 1. Heft, S. III–XIV & 1–167; Freiburg (Herdersche Verlagshandlung).

FRANKE, G. et al. (1977): Früchte der Erde. – Gütersloh (Prisma Verlag).

FRANKE, W. (1976): Nutzpflanzenkunde. – Stuttgart (Georg Thieme Verlag).

FROHNE, D. & H. J. PFÄNDER (1982): Giftpflanzen. Ein Handbuch für Apotheker, Ärzte, Toxikologen und Biologen. – Stuttgart (Wissenschaftliche Verlagsgesellschaft).

FUCHS, L. (1542): De historia stirpium commentarii insignes. Basileae, in Officina Isingriniana. Zur Verfügung stand die folgende Ausgabe: MEYER, F. G., E. E. TRUEBLOOD & J. L. HELLER (1999): The Great Herbal of Leonhart Fuchs. – Vol. I: Commentary; Vol. II: Facsimile; Stanford (Stanford University Press).

FUCHS, L. (1543): New Kreüterbuch. Basel (Michael Isingrin). Zur Verfügung standen folgende Ausgaben: 1. Schwarzweiß Reprint 1964, München (Verlag Konrad Kölbl; gut brauchbar). 2. Schwarzweiß Reprint o. J., Rengsdorf (Verlag Peter Hardy Kahr; hervorragende Qualität). 3. Schwarzweiß Reprint 2002, ohne Ortsangabe (VMA-Verlag; lieblos und weniger empfehlenswert, schon auf dem Titelumschlag liest man „Kreutterbuch" statt „Kreüterbuch"). 4. Farbnachdruck 2001 des handkolorierten Exemplars, das sich einst im Privatbesitz von Fuchs befand; Köln (Taschen).

GOTTSCHALK, G. (1984): Die großen Pharaonen. Ihr Leben, ihre Zeit, ihre Kunstwerke. – Herrsching (Manfred Pawlak Verlagsgesellschaft).

HAREUVENI, N. (1981): Nature in our Biblical Heritage. – 2. Ed.; Kiryat Ono (Neot Kedumin Ltd.).

HAREUVENI, N. & H. FRENKLEY (1988): Ökologie in der Bibel. – 2. Aufl.; Kiryat Ono (Neot Kedumin Ltd.).

HEGI, G. (1908–1931): Illustrierte Flora von Mittel-Europa. – Bde. I–VII; München (J. F. Lehmanns Verlag).

HEHN, V. (1911): Kulturpflanzen und Haustiere in ihrem Übergang aus Asien nach Griechenland und Italien sowie in das übrige Europa. – 8. Aufl.; Berlin (Borntraeger).

HEPPER, F. N. (1990): Pharao's Flowers. The Botanical Treasures of Tutankhamun. – London (Royal Botanic Gardens, Kew).

HEPPER, F. N. (1992): Pflanzenwelt der Bibel. – Stuttgart (Deutsche Bibelgesellschaft).

HEPPER, F. N. (1998): Der Bibel-Garten. Pflanzen der Bibel im eigenen Garten. – Asslar (Verlag Klaus Gerth).

HESS, D. (1990): Die Blüte. Eine Einführung in Struktur und Funktion, Ökologie und Evolution der Blüten. – 2. Aufl. (Verlag Eugen Ulmer).

HEYWOOD, V. H. (Hrsg.) (1982): Blütenpflanzen der Welt. – Basel, Boston & Stuttgart (Birkhäuser Verlag).

HUMPHREYS, C. J. (2007): Und der Dornbusch brannte doch. Ein Naturwissenschaftler erklärt die Wunderberichte der Bibel. – 1. Aufl.; Gütersloh (Gütersloher Verlagshaus).

HUXLEY, A. et al. (1992): The New Royal Horticultural Society Dictionary of Gardening. – Vol. 1–4; London (Macmillan Press Limited).

JAHN, I., R. LÖTHER, K. SENGLAUB et al. (1985): Geschichte der Biologie. Theorien, Methoden, Institutionen, Kurzbiographien. – 2. Aufl.; Jena (Gustav Fischer Verlag).

JENNY, M., H. STEINECKE & C. BAYER (o. J.): Korn: Brot, Getreide, Gräser. – PalmenGarten, Sonderheft 36: Begleitheft zur gleichnamigen Ausstellung im Palmengarten der Stadt Frankfurt am Main.

KAWOLLEK, W. & H. FALK (2005): Bibelpflanzen kennen und kultivieren. – Stuttgart (Verlag Eugen Ulmer).

KÖRBER-GROHNE, U. (1987): Nutzpflanzen in Deutschland. Kulturgeschichte und Biologie. – Stuttgart (Theiss Verlag).

KRANZ, B. (1981): Das große Buch der Früchte. – München (Südwest Verlag).

KRÜSSMANN, G. (1960): Die Nadelgehölze. – 2. Aufl.; Berlin & Hamburg (Verlag Paul Parey).

KRÜSSMANN, G. (1972): Handbuch der Nadelgehölze. – 2. Aufl.; Berlin & Hamburg (Verlag Paul Parey).

KRÜSSMANN, G. (1976–1978): Handbuch der Laubgehölze. – 2. Aufl.; Bd. I 1976; Bd. II 1977; Bd. III 1978; Berlin & Hamburg (Verlag Paul Parey).

KÜRSCHNER, H., T. RAUS & J. VENTER (1997): Pflanzen der Türkei. – 2. Aufl.; Wiesbaden (Quelle & Meyer Verlag).

MÄGDEFRAU, K. (1992): Geschichte der Botanik. Leben und Leistung großer Forscher. – 2. Aufl.; Stuttgart, Jena & New York (Gustav Fischer Verlag).

MANSFELD, R. et al. (1986): Verzeichnis landwirtschaftlicher und gärtnerischer Kulturpflanzen. – 2. Aufl., Bd. 1–4; Berlin, Heidelberg, New York & Tokyo (Springer Verlag).

MARZELL, H. (1943–1958): Wörterbuch der deutschen Pflanzennamen. – 1. Bd. 1943; 2. Bd. 1972; 3. Bd. 1977; 4. Bd. 1979; 5. Bd. (Register) 1958; Leipzig (Verlag von S. Hirzel).

MOLDENKE, H. N. & L. MOLDENKE (1952): Plants of the Bible. – New York (The Ronald Press Company).

NEUHOFER, J. & M. METKA (2008): Wein. Der neue Jungbrunnen. Lang leben und gesund bleiben dank moderatem Weingenuss. – Wien (Verlag Carl Ueberreuter).

NEUMANN-GORSOLKE, U. & P. RIEDE (Hrsg.) (2002): Das Kleid der Erde. Pflanzen in der Lebenswelt des alten Israel. – Stuttgart (Calwer Verlag) & Neukirchen-Vluyn (Neukirchener Verlag).

OMLOR, R. et al. (2001): Pflanzen der Bibel. – Broschüre zur Ausstellung im Botanischen Garten Mainz

QUAAS-MENZEL, R. (1994): Pflanzen der Bibel im Grugapark Essen. Ausstellungsführer (Bestellungen über: Superintendentur des Kirchenkreises Essen-Süd, II. Hagen 7, 45127 Essen).

RAUH, W. (1994): Morphologie der Nutzpflanzen. – Heidelberg & Wiesbaden (Reprint, Quelle & Meyer Verlag).

REHM, S. & G. ESPIG (1984): Die Kulturpflanzen der Tropen und Subtropen. Anbau, wirtschaftliche Bedeutung, Verwertung. – 2. Aufl.; Stuttgart (Verlag Eugen Ulmer).

SCHIRAREND, C. & M. HEILMEYER (1996): Die Goldenen Äpfel. Wissenswertes rund um die Zitrusfrüchte. – Berlin (Förderkreis der naturwissenschaftlichen Museen Berlins e. V.).

SCHWEIG, T. (1999): Schwarzkümmels kleine Körner groß im Kommen. – Pharmazeutische Zeitung, 144. Jahrg., Nr. 33, S. 2582–2587.

SMIT, D. (1990): Planten uit de Bijbel. Een inventarisatie en beschrijving. – Nijkerk (Uitgeverij G. F. Callenbach).

SPRENGEL, C. K. (1793): Das entdeckte Geheimniß der Natur im Bau und in der Befruchtung der Blumen. – Berlin (Friedrich Vieweg). – Reprint 1972 (Verlag J. Cramer).

STOFFLER, H.-D. (1978): Der Hortulus des Walahfrid Strabo. Aus dem Kräutergarten des Klosters Reichenau. – Sigmaringen (Jan Thorbecke Verlag).

TSCHIRCH, A. (1932): Handbuch der Pharmakognosie. – 2. Aufl., 1. Bd.: Allgemeine Pharmakognosie. 2. Abt. – Leipzig (Verlag B. Tauchnitz).

ULBRICH, E. (1928): Biologie der Früchte und Samen (Karpobiologie). – Berlin (Julius Springer Verlag).

URANIA PFLANZENREICH (1993): Blütenpflanzen Bd. 1; (1994): Blütenpflanzen Bd. 2. – Leipzig (Urania Verlagsgesellschaft).

WAGNER, H. (1904): Illustrierte Deutsche Flora. – 3. Aufl.; Stuttgart (E. Schweizerbart'sche Verlagsbuchhandlung).

WALKER, W. (1957): All the Plants of the Bible. – New York (Harper & Brothers).

WARBURG, O. (1913–1922): Die Pflanzenwelt. – 1. Bd. 1913; 2. Bd. 1921; 3. Bd. 1922; Leipzig & Wien (Bibliographisches Institut).

WEBERLING, F. (1981): Morphologie der Blüten und der Blütenstände. – Stuttgart (Verlag Eugen Ulmer).

WURST, P. (1930): Aus der Pflanzenwelt Palästinas. Leitfaden der Botanik. – Haifa (Selbstverlag).

ZOHARY, M (1983): Pflanzen der Bibel. – Stuttgart (Calwer Verlag).

PFLANZENREGISTER

Abessinische Myrrhe 140–141
Adamsapfel 13
Adlerholzbaum 111
Alcea rosea L. 120–123
Alexandrinische Senna 102–105
Allium cepa L. 63–65
Allium porrum L. 63–67
Allium sativum L. 63
Allium ursinum L. 63
Aloe arborescens MILL. 109
Aloe barbadensis MILL. 109–111
Aloe variegata L. 109
Aloe vera L. 109–111
Aloe, Echte 109–111
Aloysiuslilie 138
Amberbaum 132–133
Anethum graveolens L. 58–60
Apfelbaum 10,13
Aprikose 12
Aquilaria malaccensis LAM. 111
Arabische Myrrhe 140–141
Arabischer Weihrauchbaum 140–141
Aschgraue Zistrose 134–135

Bärlauch 63, 68
Baumartige Aloe 109
Baumwolle 34–35
Becherstrauch, Dorniger 165–167
Bilsenkraut 106–108
Bilsenkraut, Goldgelbes 106
Bilsenkraut, Schwarzes 106
Bohne, Dicke Bohne 69
Boswellia sacra FLUECK. 140–141
Brassica nigra (L.) KOCH. 84–85
Braut-Myrte, Myrte 25–26
Breitblättriger Rohrkolben 148–150
Brennnessel, Große 156–158
Brennnessel, Kleine 156
Brennnessel, Pillen- 156

Capparis spinosa L. 56–57
Cassia fistula L. 103
Cedrus libani A. RICHARD 20–21
Ceratonia siliqua L. 17–18
Cercis siliquastrum L. 19
Ceylon-Zimtbaum 95–96
Christdorn, Gewöhnlicher 165–167
Christi, Palma 126–129
„Christusdorn" 166
Cicer arietinum L. 69–73
Cinnamomum zeylanicum BL. 95–96
Cistus incanus L. 134–135
Cistus ladanifer L. 134
Citrullus colocynthis (L.) SCHRAD. 50
Citrullus lanatus (THUNB.) M. et N. 46–49
Citrus medica L. 12, 97–99
Commiphora abyssinica ENGL. 140–141
Coriandrum sativum L. 58–60
Crocus sativus L. 52
Cucumis melo L. 46–49
Cucumis sativus L. 48
Cuminum cyminum L. 58–62
Cupressus sempervirens L. 31
Curcuma longa L. 51–52
Cymbopogon citratus [DC. ex NEES] STAPF 142
Cymbopogon nardus (L.) RENDLE 142–143
Cyperus papyrus L. 146–147

Damaszener Schwarzkümmel 113
Dattelpalme 36–38
Dattelpalme, Kanarische 38
Dicke Bohne, Puff-Bohne 69, 73–75
Dill 58–60
Distel, Marien- 136, 162–164
Dorniger Becherstrauch 165–167
Dorn-Jujube 166
Drüsenblättrige Kugeldistel 159–161

Echinops sphaerocephalus L. 159–161
Echte Aloe 109–111
Echte Pistazie 30
Echter Kreuzdorn 166
Echter Safran, Safran-Krokus 52
Echter Schwarzkümmel 112–115
Efeu 116–119
Eruca sativa MILL. 84–86
Eselsfeige 42, 81

Faser-Lein, Lein, Flachs 43–45
Faulbaum 166
Feigenbaum, Feige 39–42
Felsen-Kreuzdorn 166
Ficus carica L. 39–42
Ficus sycomorus L. 42, 81
Flachs, Faser-Lein, Lein 43–45
Flaschenkürbis 46–48
Frangula alnus MILL. 166

Gelbwurzel, Kurkuma 51–52
Gewöhnliche Teichbinse 153
Gewöhnlicher Christdorn 165–167
Gewöhnlicher Storaxbaum 133
Gewöhnliches Schilf 151–152
Gewöhnliches Sonnenröschen 134
Goldgelbes Bilsenkraut 106
Gossypium arboreum L. 34–35
Granatapfel, Granatapfelbaum 13, 14–16
Große Brennnessel 156–158
Große Kugeldistel 159–161
Gurke 48

Hedera helix L. 116–119
Helianthemum nummularium (L.) MILL. 134
Hennastrauch 54–55
Hyoscyamus aureus L. 106
Hyoscyamus niger L. 106–108

Italienische Senna 103–104

Johannisbrotbaum 17–18
Josefslilie 138
Judasbaum 19
Judaspfennig 166
Judendorn 166
Juglans regia L. 87–89

Kanarische Dattelpalme 38
Kapernstrauch 56–57
Kichererbse 69–73
Knoblauch 63
Koloquinthe 50
Koriander 58–60
Kreuzdorn, Echter 166
Kreuzdorn, Felsen- 166
Kreuzdorn, Purgier- 166
Kreuzkolben 150
Kreuzkümmel 58–62
Krokus 52
Küchenzwiebel, Zwiebel 63–65
Kugeldistel, Große 159–161
Kürbis, Flaschenkürbis 46–48
Kurkuma, Gelbwurzel 51–52

Lack-Zistrose 134
Lagenaria siceraria (MOL.) STANDL. 46–48
Lauch, Porree 63–67
Laurus nobilis L. 22–23
Lawsonia inermis L. 54–55
Laxmanns Rohrkolben 148
Lein, Faser-Lein, Flachs 43–45
Lens culinaris L. 69–71
Libanonzeder 20–21
Lilie, Weiße Lilie, Madonnenlilie 136–139
Lilium candidum L. 136–139
Linse 69–71
Linum bienne MILL. 43
Linum usitatissimum L. 43–45
Liquidambar orientalis MILL. 132–133

Lorbeer 22–23
Lorbeer-Schneeball 24

Madonnenlilie, Weiße Lilie 136–139
Malum punicum 14
Malus domestica BORKH. 10
Malva sylvestris L. 120–122
Malve, Wilde Malve 120–122
Mandelbaum, Mandel 76–77
Mariendistel 136, 162–164
Maulbeerbaum, Schwarzer 81–83
Melone, Wassermelone 46–49
Mentha longifolia (L.) HUDS. 124
Mentha-Arten 124–125
Minze-Arten 124–125
Mittelmeer-Z., Zypresse 31
Morus nigra L. 81–83
Myrrhe, Abessinische 140–141
Myrte, Braut-Myrte 25–26
Myrtus communis L. 25–26

Nerium oleander L. 28–29
Nigella damascena L. 113
Nigella sativa L. 112–115

Öl- oder Senf-Rauke 84–86
Ölbaum, Olive 78–80
Olea europaea L. 78–80
Oleander 28–29
Orientalischer Amberbaum 132–133

Paliurus spina-christi MILL. 165–167
Palma Christi, Rizinus 126–129
Palm-Weide 38
Papyrus, Papyrus-Staude 146–147
Pferde-Bohne 69
Phoenix canariensis hort.
   ex CHABAUD 38
Phoenix dactylifera L. 36–38
Phragmites australis (CAV.)
   TRIN. 151–152

Pillen-Brennnessel 156
Pinie, Schirmkiefer 27
Pinus pinea L. 27
Pistacia vera L. 30
Pistazie, Echte 30
Pomum granatum 13
Porree, Lauch 63–67
Poterium spinosum L. 165
Prunus armeniaca L. 12
Prunus dulcis (MILL.) WEBB 76–77
Puff-Bohne, Dicke Bohne 69, 73–75
Punica granatum L. 14–16
Punischer Apfel 14
Purgier-Kreuzdorn 166

Rauke, Senf- oder Öl-Rauke 84–86
Rhamnus cathartica L. 166
Rhamnus saxatilis JACQ. 166
Ricinus communis L.126–129
Rizinus, Wunderbaum 126–129
Röhrenkassie 103
Rohrkolben 148–150
Rosenmalve, Stockrose 120–123
Ross-Minze 124

Safran-Krokus, Echter Safran 52
Salix caprea L. 38
Sal-Weide 38
Santo-Domingo-Rohrkolben 150
Sarcopoterium spinosum (L.)
   SPACH 165
Sau-Bohne 69
Schilfrohr, Schilf 151–152
Schirmkiefer, Pinie 27
Schoenoplectus lacustris (L.)
   PALLA. 153
Schwarzer Maulbeerbaum 81–83
Schwarzer Senf 84–85
Schwarzes Bilsenkraut 106–108
Schwarzkümmel, Damaszener 113
Schwarzkümmel, Echter 112–115

Senf- oder Öl-Rauke 84–86
Senf, Schwarzer 84–85
Senna alexandrina MILL. 102–105
Senna italica MILL. 103–104
Senna, Alexandrinische 102–105
Senna, Italienische 103–104
Silybum marianum (L.)
   GAERTN. 162–164
Sonnenröschen, Gewöhnliches 134
Spottrohr 150
Staude, Papyrus 146–147
Stockrose, Rosenmalve 120–123
Storaxbaum, Gewöhnlicher 133
Styrax officinalis L.133
Sykomore 42, 81

Teichbinse, Gewöhnliche 153
Tiger-Aloe 109
Typha domingensis
   (PERS.) STEUD. 150
Typha latifolia L. 148–150
Typha laxmannii LEPECH. 148
Typha minima FUNCK 148
Typha-Arten 148–150

Unseres Herrn Rohr 150
Urtica dioica L. 156–158
Urtica pilulifera L. 156
Urtica urens L. 156
Viburnum tinus L. 24
Vicia faba L. 69, 73–75
Vitis vinifera L. 90–94

Walnussbaum 87–89
Wassermelone 46–49
Weihrauchbaum, Arabischer 140–141
Weinstock, Weinrebe 90–94
Weiße Lilie, Madonnenlilie 136–139
Westindisches Zitronengras 142
Wilde Malve 120
Winterlauch 63–67

Wunderbaum, Rizinus 126–129

Zeder d. Libanon 20–21
Zedrat-Zitrone 97–99
Zimtbaum, Zimt 95–96
Zistrose, Aschgraue 134–135
Zitronat-Zitrone 12, 97–99
Zitronellagras 142–143
Zitronengras, Westindisches 142
Ziziphus spina-christi (L.) WILLD. 166
Zwerg-Rohrkolben 148
Zwiebel, Küchenzwiebel 63–65
Zypresse, Mittelmeer-Z. 31

Dr. Klaus Dobat, Jg. 1939, studierte Botanik, Zoologie, Geologie, Meeres- und Hydrobiologie. Seine Doktorarbeit schrieb er am Institut für Spezielle Botanik an der Universität Tübingen über die Höhlenvegetation der Schwäbischen Alb. Von 1988 bis zu seiner Pensionierung war er viele Jahre Akademischer Direktor des Tübinger Botanischen Gartens, wo er im „Jahr der Bibel" 2003 auch eine Ausstellung zum Thema Bibelpflanzen veranstaltet hat. Zahlreiche Publikationen zu Botanik und Biospeläologie. 1995 wurde ihm aufgrund seiner Untersuchungen über die Flora und Fauna der Höhlen Baden-Württembergs, Frankens und der Türkei sowie seines Engagements für die deutsche und internationale Höhlenforschung das Bundesverdienstkreuz verliehen. Klaus Dobat lebt in Tübingen.